Die Welt mit anderen Augen sehen

BIBELARBEIT MIT KINDERN

Herausgegeben von Beate Brielmaier,
Bettina Eltrop und Eleonore Reuter

Band 8

Die Welt mit anderen Augen sehen

Propheten und Prophetinnen

Verlag Katholisches Bibelwerk
Stuttgart

www. bibelwerk.de

ISBN 3-460-25508-0
978-3-460-25508-1
© 2006 Verlag Katholisches Bibelwerk GmbH, Stuttgart
Für die Texte der Einheitsübersetzung der Heiligen Schrift
© Katholische Bibelanstalt, Stuttgart 1980
Titelfotos: *Bild links:* „Wohltu-Licht", Sr. Maria Helga Königs und Sr. Maria Hildegard
Hünemeyer, Düsseldorf, Stuttgart; *Bild Mitte:* Rechtefrei; *Bild rechts:* KNA Frankfurt.
Umschlaggestaltung: ABSICHT AG, Stuttgart
Satz und Druck: J. F. Steinkopf Druck GmbH

INHALTSVERZEICHNIS

Vorwort
Beate Brielmaier, Bettina Eltrop, Eleonore Reuter   7

Grundlegendes zur Prophetie
Eleonore Reuter, Prophetie – was ist das?
   Wissenswertes zur biblischen Prophetie   8

Eleonore Reuter, Auslegung der Tora oder Vorhersage Jesu Christi   15

Bibelarbeiten
Annegret Puttkammer, Elija macht sich auf die Suche nach Gott
   (1 Könige 19)   17

Beatrix Moos, Der Prophet Hosea findet neue Wörter über Gott
   (Hosea 11,1-9)   26

Gertrud Lorenz, Gottes Wort lässt uns leben (Jesaja 55, 1-5)   37

Beate Brielmaier, Von Gottes Freude singen – Die Prophetin Mirjam   44

Susanne Herzog, Frauen, die von Gott erzählen – Prophetinnen   50

Bettina Eltrop, Wofür halten die Menschen mich?
   Jesus und die prophetische Tradition der Bibel   62

Lydia Bröß und Burkhard Schönwälder, Bote und Wegbereiter
   – Johannes der Täufer (Markus 1,2-8)   68

Bernd Hillebrand, Eure Söhne und Töchter werden prophetisch reden
   – Von Joel 3 zu Apostelgeschichte 2   80

Methoden

Annette Gawaz, Damit Gott selbst ins Spiel kommen kann ...
Methoden szenischen Spiels   89

Anhang
Wort und Sacherklärungen   97

Liedregister   97

Register – Tänze, Lieder mit Bewegung   98

Methodenregister   99

Bibelstellenregister   99

Text-, Bild- und Liednachweis   103

MitarbeiterInnen   104

Weiterführende Literatur   104

Liebe Leserinnen und Leser,

wer hätte sich nicht schon einmal gewünscht, einem Menschen zu begegnen, der sagen könnte, wo's lang geht … einem Propheten oder einer Prophetin vielleicht.

Die Bibel – Altes wie Neues Testament - kennt viele Frauen und Männer, die ihre Zeit und Gesellschaft durch die Brille des Glaubens kritisch betrachtet haben. Sie haben sich nicht gescheut, Stellung zu beziehen für die Sicht Gottes. Ja, sie haben sich so konsequent auf diese Seite begeben, dass sie ihre Botschaft nicht mehr als ihre eigenen Worte wahrnahmen, sondern sie als Wort Gottes verstanden. Sie mahnen und trösten, kritisieren, jubeln und loben. Sie zeigen andere Sichtweisen auf und eröffnen so neue Wege.

Trotzdem sind sie oft nicht verstanden worden, waren einsam oder wurden verfolgt. Die Menschen haben nicht erkannt, dass diese Frauen und Männer den Durchblick hatten. Vielleicht ergeht es Propheten bis heute so.

Mit den Texten dieses Bandes können Erwachsene und Kinder manche Propheten und Prophetinnen der Bibel neu entdecken. Die vielfältigen Bausteine laden dazu ein, ihre Geschichte wieder lebendig werden zu lassen und ihre Botschaft neu zu gestalten.

Dazu trägt besonders der letzte Beitrag bei: Er stellt Möglichkeiten vor, Bibeltexte im Rollenspiel in Bewegung zu bringen.

Wir hoffen, dass die Lektüre dieses Buches Sie ermutigt, wie die Propheten und Prophetinnen, die Welt mit anderen Augen zu sehen. Gute Erfahrungen damit wünschen Ihnen
Ihre Herausgeberinnen

Beate Brielmeier, Bettina Eltrop, Eleonore Reuter

Eleonore Reuter

Prophetie – was ist das?
Wissenswertes zur biblischen Prophetie

Prophetie – was ist das?

„Mama, was ist das, ein Prophet?" Die Vierjährige hatte das Wort „Prophet"
noch nie gehört und wäre nicht im Gottesdienst zufällig ein Text des Propheten Jesaja vorgelesen worden, so wäre das vermutlich auch noch eine Weile
so geblieben. Denn in unserer Alltagssprache kommt dieses Wort kaum vor.
Meist fällt Menschen heute beim Wort Prophet nur ein, dass dies jemand ist,
der die Zukunft vorhersagen kann. Ein Politiker könnte ironisch auf die Frage
nach einer künftigen Entwicklung antworten: „Bin ich vielleicht ein Prophet?" Er will damit sagen, dass er nicht in die Zukunft sehen kann. So bekommt Prophetie eine magisch-mystische Aura - und hat wenig mit bibli-
scher Prophetie zu tun.

Prophetisches Selbstverständnis

Das Wort „prophezeien" kommt aus dem Griechischen und heißt so viel wie
„reden anstelle von …". Das ist ein wichtiger Aspekt von Prophetie: *Propheten und Prophetinnen reden und handeln nicht „auf eigene Rechnung" oder im eigenen Namen, sondern anstelle Gottes und in Gottes Auftrag.*
Die Worte, die sie im Namen Gottes hervorbringen, sind zwar menschliche
Worte, aber gleichzeitig mehr als das. Ein Prophet spricht in der Überzeugung, ein Wort von Gott empfangen zu haben und dieses Wort unbedingt verkündigen zu müssen. Propheten kennzeichnet eine besonders enge Beziehung zu Gott. Diese Vorstellung steht hinter dem Wort Gottes an Jeremia: „Ich
habe meine Worte in deinen Mund gelegt" (Jer 1,9). Jeremia wird zum Sprecher Gottes.
Deshalb beginnen viele Texte mit der sogenannten Botenformel („So spricht

Gott: ...“). Mit dieser Botenformel macht ein Gesandter deutlich, dass ab jetzt nicht mehr er selbst spricht, sondern er nur noch Bote ist. Im religiösen Bereich zeigt sie an, dass Propheten Übermittler der göttlichen Botschaft sind. Zugleich fühlt Jeremia, so wie andere Propheten auch, sich geradezu gezwungen, das Wort auszusprechen. „Sagte ich aber: „Ich will nicht mehr an ihn denken und nicht mehr in seinem Namen sprechen!“, so war es mir, als brenne in meinem Herzen ein Feuer, eingeschlossen in meinem Innern. Ich quälte mich, es auszuhalten und konnte nicht“ (Jer 20,9).

Von Gott gerufene Rufer

Das Wort, das im Hebräischen an den meisten Stellen für „Prophet“ steht (nabi), gehört zu einer Wurzel, die „rufen“ und „künden“ bedeutet. *Der Prophet ist ein Rufer und gleichzeitig auch jemand, der berufen ist, dies zu tun.* Er ist ein „zum Rufen berufener Rufer“.

Die Beauftragung mit der Verkündigung des Wortes wird meist ausdrücklich als Berufungserlebnis geschildert. Immer „hören“ sie die Botschaft (Audition), manchmal haben sie auch eine Vision. Ihre Erfahrung lässt sich am besten als innere Eingebung beschreiben. Deshalb beginnen die Erzählungen über Mose oder das Buch des Jeremia mit einer Berufungserzählung. Das Bewusstsein, Gottes Sprachrohr zu sein, prägt ihr Selbstverständnis. Ihre Beauftragung zum Propheten erleben sie als einen Eingriff Gottes in ihr Leben, der unerwartet und unwiderstehlich da ist (Am 7,15; Jes 6; besonders Jer 1,4-10). Vor allem Jeremia versucht sich gegen seine Berufung zu wehren, ohne dass ihm das letztlich gelingt. Was es kosten kann, sich der Berufung zu entziehen, zeigt die Jona-Erzählung. Egal, wohin er vor Gott flieht, er kann ihm nicht entkommen. Die Berufungserfahrung macht die Propheten einerseits stark und kraftvoll in ihrer Verkündigung, andererseits können sie auch unter dieser Berufung leiden und sich vielleicht sogar weigern, ihr nachzukommen.

Die Berufung ist ein Kriterium, das wahre und falsche Propheten voneinander unterscheidet. Immer wieder stellt sich für die Zuhörenden nämlich die Frage, welcher Meinung sie ihr Vertrauen schenken dürfen. Wer verkündet zuverlässig den Willen Gottes? Diese Frage ist keine, die nur die Menschen zu den Zeiten der Bibel bewegte. Sie hat sich in der Geschichte der Kirche immer gestellt – bis heute. Und die Bibel hat – wie wir – keine wirkliche Lösung für dieses Problem: Ist es derjenige, dessen Ankündigungen eintreffen? Nicht unbedingt, liest man in Dtn 13,2-5. Dort gilt die Tora als Kriterium der wahren Prophetie. Ein Prophet verkündet nur dann Gottes Wort, wenn die Botschaft mit der Tora übereinstimmt. Versucht man herauszufinden, was wahre Propheten ausgezeichnet hat, kann man entdecken, dass sie sich durch ihre persönlichen Glaubwürdigkeit und Unabhängigkeit auszeichnen. Sie stehen auf der Seite der Unterdrückten und Schwachen und kritisieren die Mächtigen. Selbst eigene Nachteile können Propheten wie Micha ben Jimla, Jeremia, Jesus von Nazaret nicht davon abhalten, die Botschaft zu verkündigen.

Ist die Prophetie wahr, die mit eindrücklichen Zeichen unterstrichen wird? Auch darauf kann man sich nicht verlassen, wie der falsche Prophet Hananja (Jer 28) zeigt. Die Propheten der Bibel beziehen sich immer auf ihre Berufung, aber das tun ihre Gegner auch, so dass den Menschen nur ihr eigenes Urteil bleibt, mit dem sie überprüfen müssen, wo sie den Willen Gottes am ehesten erkennen können.

Wirkungsorte von Propheten

Den „Beruf" des Propheten kann man nach dem Verständnis des AT erlernen: Dazu schließt man sich einem Meister an, der seinen Schülern Unterricht gibt.
1 Sam 10,5; 19,18f erfahren wir von einer Schar, die eine Art prophetisches Zentrum mit einer Ausbildungsstätte bildete. Ekstase, durch Musik und Tanz unterstützt, war ein Kennzeichen dieser Gruppen. Das ging soweit, dass jemand, der in Ekstase geriet, zu den Propheten gerechnet werden konnte. Mehrfach wird prophetisch reden mit „verrückt sein" (im Hebräischen: „meschugge") in Verbindung gebracht (z.B. 2 Kön 9,11).

Propheten wurden von Privatleuten, Königen, Vertretern des Volkes um Auskunft gebeten. Der wichtigste Adressat ist aber das Volk Israel. So werden die Propheten Amos, Jesaja oder Ezechiel ausdrücklich zum Volk gesandt. Bei Jeremia weitet sich dieser Kreis auf alle Völker der Erde. Die Propheten wurden für ihre Dienste mit Naturalien (2 Kön 4,42) oder mit Geld (1 Sam 9,8) bezahlt. Damit war aber offenbar die Gefahr der Käuflichkeit verbunden (Neh 6,7). Amos legt Wert darauf, dass er seinen Lebensunterhalt mit seinem Handwerk bestreitet und er nicht aus finanziellen Gründen prophetisch redet.

Es scheint sogar „beamtete" Propheten am Königshof gegeben zu haben (1 Kön 22). Dort bestand die Versuchung, dem König nach dem Mund zu reden.

Aber auch am Hof finden sich unabhängige, kritische Personen wie der Prophet Nathan, der dem König David sein Unrecht vorhält (2 Sam 12).

Rote Fäden in der Botschaft

Die Grundlage ist die Überzeugung, dass Gott in der Geschichte wirksam ist und seinem Volk Heil schenken will.
Israels Grunderfahrung ist die der Berufung in ein Land der Fülle (Erzeltern) und der Freiheit (Exodus). Die Propheten stehen für die Grundbedingungen des Lebens in diesem Land ein.
Dort, wo die Menschen diese Grunderfahrung durch ihre Weise zu leben, ignorieren, drohen Propheten Unheil an und fordern Umkehr. Das beinhaltet auch die Chance, die Katastrophe zu verhindern. Egal, wie untreu das Volk ist, Gott bleibt seinen Verheißungen treu.

Prophetisches Reden

Die Propheten, nach denen ein Buch in der Bibel genannt wird, heißen „Schriftpropheten". Allerdings trifft diese Bezeichnung nicht ganz zu:
Der Prophet ist kein Schreiber, sondern zuerst und vor allem ein Redner.
Zwischen der Predigt, also der ursprünglichen Verkündigungssituation, und der schriftlichen Fassung als Buch liegt ein weiter Weg.
Beispiel: Der Prophet Amos
Am meisten sind wir mit prophetischen Reden vertraut. Da gibt es z.B. den Propheten Amos. Im 8. Jahrhundert v. Chr. predigte er den unaufhaltsamen Untergang. Seine Zeitgenossen haben den Kopf geschüttelt. Sie lebten doch in einer Zeit des wirtschaftlichen Aufschwungs! Es wurde gebaut wie lange nicht mehr. Der Handel florierte. Und da kam dieser „Miesepeter" mit seinen Schreckensvisionen. Aber Amos behielt Recht. Keine 30 Jahre später war es vorbei mit all der Pracht. Die Assyrer eroberten das Nordreich Israel.
War Amos ein Hellseher? Wohl kaum, jedenfalls nicht so, wie wir uns das meist vorstellen. Statt von *Wahrsagung* könnte man eher von *Weissagung* sprechen: Der Prophet beobachtet mit Weisheit die Entwicklungen der Gegenwart und versteht sie in ihren Beziehungen zur Vergangenheit und Auswirkungen auf die Zukunft. Er geht immer von der Gegenwart aus:

Der Prophet predigt seinen Zeitgenossen den Willen Gottes mit seiner Bedeutung für das Hier und Jetzt.

Amos hat sehr kritisch die Entwicklungen seiner Zeit beobachtet. Er hat gesehen, dass der neue Reichtum nur einer kleinen Gruppe zugute kam, und dass sich weit weg im Osten eine neue Weltmacht etablierte, die auf Dauer auch in Israel Ansprüche anmelden würde. Das Besondere aber ist, dass Amos diese beiden Beobachtungen zusammengebracht und aus der Sicht des Glaubens gedeutet hat. Dabei gewinnt er die Einsicht, dass der Untergang kommt. Er muss kommen, weil seine Zeitgenossen so rücksichtslos leben. Amos erinnert daran, dass Israel sein Land und damit alles, wovon es lebt, Gott zu verdanken hat. Einem Gott, der von Anfang an als ein Gott der Befreiung erlebt worden war. Und im Namen dieses Gottes vertritt er die Überzeugung, dass es überall da, wo Menschen andere Menschen unterdrücken, über kurz oder lang zur Katastrophe kommen wird.

Amos verbindet also *rechtes Handeln mit Religion*. Das spiegelt sich auch in seiner Kritik am Kult: Die großartigsten Gottesdienste sind Gotteslästerung, wenn der Umgang mit den Mitmenschen im Alltag rücksichtslos und egoistisch ist. Denn wer so lebt, als sei es gleich gültig, wie man lebt, der tut so, als gäbe es Gott nicht. Für sie ist es sinnlos im Kult einen Gott zu feiern, der für Freiheit und gegen Rechtlosigkeit und Unterdrückung einsteht.

Ein Prophet ist jemand, der die Wahrheit sagt. Er versteht etwas von der Gegenwart und zieht daraus seine Schlüsse für die Zukunft. Jemand, der eins und eins zusammenzählen kann, aber bei dieser Rechnung nicht das große X vergisst: Gott.

Prophetisches Handeln

Prophetie darf nicht einseitig nur mit Reden gleich gesetzt werden.
In der Bibel bildet bei prophetisch begabten Menschen Reden und Handeln eine Einheit.

Sehr einfach lässt sich das bei den *Zeichenhandlungen* erkennen. In ihnen wird die Botschaft durch ein symbolisches Tun verdeutlicht: So läuft der Prophet Jeremia mit einem Joch auf dem Nacken durch Jerusalem, um die „Unterjochung" Israels durch die Babylonier anzudrohen (Jer 27). Bei Zeichen, die die Person des Propheten selbst betreffen, wird seine ganze Existenz zum Zeichen für Gottes Wort. Beispiele dafür finden sich an vielen Stellen:

- Die Ehe des Propheten Hosea symbolisiert das Verhältnis Gottes zu Israel (Hos 1-3),
- Jesaja tritt nackt auf, um das Schicksal der Ägypter und Kuschiter zu symbolisieren (Jes 20,3),
- die seltsamen Aufträge Gottes lassen Ezechiel, also seine Person, zum „Zeichen für das Haus Israel" (Ez 4,3; 12,6. 11; 24,24) werden.

Eine andere Form prophetischer Handlungen sind *Wunder*. Die Wundertaten von Elija und Elischa reihen diese in die altorientalischen Wundertäter ein und geben zugleich das Vorbild für die Wunder Jesu ab. Sie nutzen magische Medien und Praktiken, um elementare Nöte wie Hunger, Krieg, Kinderlosigkeit oder Tod zu beenden. Dabei erhalten sie die Bezeichnung „Gottesmann", die ihre Fähigkeiten auf die Kraft Gottes zurückführt. Wunder und Zeichenhandlungen sollen die Botschaft der Propheten verdeutlichen oder diejenigen, die sie vollbringen, als Gesandte Gottes beglaubigen.

Nicht zuletzt sind Propheten in der *Politik* aktiv. Nicht nur in ihren Reden, sondern auch mit ihrem Handeln nehmen sie auf die politischen Verhältnisse Einfluss. Die Salbung der Könige – und damit verbunden manchmal die Ernennung des einen und Absetzung des anderen – wird von Propheten vorgenommen. Samuel salbt David, obwohl Saul noch lebt. Elija salbt in Damaskus einen neuen aramäischen König. Elischa zettelt durch die Salbung des Jehu eine Revolution gegen den König Joram an. Gerade von Elischa wird berichtet, wie er mit Hilfe seiner hellseherischen Fähigkeiten, Orakel und Wunder Kriege mitentscheidet und so auf höchster Ebene die Politik beeinflusst. Seine Handlungen werden später durch Hosea, einen anderen Propheten, kritisiert. Entscheidend aber ist, dass Propheten sich einmischten, Politik nicht anderen überließen.

Prophetie nicht nur in Israel

Prophetie gab es nicht nur in Israel. Auch von den Nachbarvölkern Israels wurden Texte gefunden, die deutlich machen, dass Prophetie im ganzen Alten Orient bekannt war.

So gab es in Nordsyrien und Mesopotamien Texte, in denen Propheten oder Prophetinnen sich auf eine besondere Gottesoffenbarung berufen, durch die sie den Auftrag haben, dem König eine Botschaft zu übermitteln. Sie verstehen sich als Sprecher der Gottheit. Aus Phönikien sind Texte bekannt, die von

Ekstatikern und Sehern berichten. In Sprache, Form und Inhalt sind biblische und außerbiblische prophetische Texte eng miteinander verwandt.

Im Unterschied zu den altorientalischen Texten werden die biblischen Prophetentexte auch noch in späteren Zeiten und über Jahrhunderte hinweg von Menschen als Anrede Gottes verstanden. Der grundsätzlich andere Umgang mit den Texten zeigt sich darin, dass die ursprünglichen Prophetenworte nur den geringsten Teil der Prophetenbücher ausmachen. Der größte Teil stammt von Schülern und Theologen nachfolgender Generationen, die sich neu um Verstehen und Aktualität der Texte bemühten und die Prophetenbotschaft „weiterschrieben".

Prophetie ist also nicht nur die Sache einsamer Rufer in der Wüste, herausragender Einzelgestalten, sondern Aufgabe der ganzen Gemeinschaft. Sie spiegelt das Ringen in Israel und in der Kirche um die Wahrheit. Bei Paulus ist die Gabe der Prophetie ein unverzichtbares Charisma der Gemeinde, das aufbaut, ermutigt und Trost spendet (1 Kor 14,1-5).

Prophetie heute

Wer diese verschiedenen Seiten bedenkt, stellt sich automatisch die Frage, ob es auch heute noch Prophetie gibt. Wo und wie können Menschen heute zu Propheten oder Prophetinnen werden? Wann können wir prophetische Stimmen hören und prophetisches Handeln erkennen?

Vielleicht hat sich gegenüber den Zeiten der Bibel gar nicht so viel geändert. Viele Propheten waren nicht mit Erfolg gekrönt; sie waren unbequem und widerständig. Die meisten von ihnen standen nicht auf der Seite der Mehrheit und vertraten eher unzeitgemäße Ansichten. Dort können wir immer noch nach Spuren des Prophetischen suchen. Propheten bleiben auch heute oft ungehört. Wo dies jedoch geschieht, wird eine innovative, kritische Kraft wirkungslos, die in Kirche und Gesellschaft wichtige Impulse geben könnte.

Auslegung der Tora oder Vorhersage Jesu Christi

Die Prophetenbücher in der christlichen und in der jüdischen Bibel

In der *christlichen Bibel* stehen die Prophetenbücher als letzter Teil des Alten Testaments hinter der Tora*, den Geschichtsbüchern und den Weisheitsbüchern. Sie werden „Schriftpropheten" genannt, weil unter ihrem Namen ein ganzes biblisches Buch überliefert ist. Im Einzelnen sind das die „großen Propheten" Jesaja, Jeremia, Ezechiel und Daniel und das Zwölfprophetenbuch, eine Sammlung von zwölf Prophetenschriften mit geringerem Umfang. Auf den letzten Vers der Propheten (Mal 3,23f: „Bevor aber der Tag des Herrn kommt, der große und furchtbare Tag, sehr da sende ich zu Euch den Propheten Elija. Er wird das Herz der Väter wieder den Söhnen zuwenden und das Herz der Söhne ihren Vätern, damit ich nicht kommen und das Land dem Untergang weihen muss.") folgt direkt Mt 1,1 („Stammbaum Jesu Christi…"). Diese Reihenfolge ist programmatisch: Im Neuen Testament werden der Täufer Johannes, aber auch Jesus selbst mit Elija als dem Boten der endgültigen, von Gott herbeigeführten Heilszeit identifiziert. Wer als Christ die Bibel liest, kommt gar nicht daran vorbei, die Prophetie von Jesaja bis Maleachi als Vorhersage und Verheißung auf Jesus hin zu verstehen. Damit wird man den Texten aber nur teilweise gerecht. *Weder ist Jesus einfach die Erfüllung alttestamentlicher Vorhersagen, noch werden alle Verheißungen des Alten Testaments mit seinem Kommen erfüllt.*

Das Bild ändert sich, wenn man die Stellung der Prophetie in der *jüdischen heiligen Schrift* betrachtet: Obwohl es sich um die gleichen Texte handelt, bewirkt eine andere Stellung in der Abfolge der Bücher ein anderes Verständnis. In der hebräischen Bibel stehen die prophetischen Bücher gleich nach der Tora. Sie beginnen mit den „frühen Propheten". Das sind die Bücher, die Christen unter der Überschrift „Geschichtsbücher" (also Jos bis 2 Kön) kennen. Sie zählen im Judentum zu den Nebiim, den Propheten. Und in der Tat, in diesen Texten finden sich Berichte über Propheten, die im Christentum nahezu vergessen sind. Denn wer weiß schon, wer Micha ben Jimla oder die Prophetin Hulda waren? Dagegen sind die Propheten Elija oder Nathan, die in diesen Büchern erwähnt werde, auch Christen besser bekannt. Den „frühen Propheten" folgen die „Schriftpropheten", die im christlichen Kanon nach den Weisheitsbüchern stehen. *Durch ihre Position hinter der Tora hat die Prophetie die Funktion, die Tora, die grundlegende Weisung für das Leben gemäß dem Bund mit Gott, in die Gegenwart hinein auszulegen.*

Dieser Sicht entspricht die Tatsache, dass die Bibel Mose an die Spitze der Propheten stellt (Dtn 18,15.18) und ihn als größten Propheten bezeichnet (Num 12,6-8; Dtn 34,10-12). Allein Mose durfte Gott von Angesicht zu Angesicht sehen, mit ihm von Mund zu Mund sprechen und seine Tora Israel übergeben. Seine Aufgabe, die Weisung Gottes zu hören und weiterzugeben, übernahmen nach Moses Tod die Propheten und Prophetinnen.

Annegret Puttkammer

Elija macht sich auf die Suche nach Gott
1 Könige 19

I. Erschließung der biblischen Botschaft

a) Erklärungen zum Bibeltext

Was erzählt die Bibel?

Es wollte einfach nicht regnen, seit Monaten nicht. Das Land war ausgedörrt, Pflanzen vertrockneten, Tiere hungerten und die Menschen auch. In ihrer Not riefen die Menschen um Hilfe und beteten zum Gott Baal. Er, so meinten sie, könne den Regen bringen. Alle riefen zu ihm, auch die Israeliten. Von ihrem eigenen Gott, vom Gott Israels erwarteten sie keine Hilfe.
Doch Gott wollte Israel helfen und berief Elija zu seinem Propheten. Auf dem Berg Karmel sollte Elija die Macht des Gottes Israels zeigen. Vierhundertfünfzig Propheten des Baal stand er dort gegenüber – ein schier aussichtsloser Kampf. Doch die Anhänger des Baal schafften es nicht, Regen herbeizurufen oder ein Feuer zu entfachen. Auf Elijas Ruf hin aber ließ der Gott Israels Blitz und Feuer vom Himmel kommen und später auch den lang ersehnten Regen. Elija war scheinbar auf dem Höhepunkt seines Erfolges. Doch dann drohte die Königin Isebel an, ihn zu ermorden. Elija lief um sein Leben. Atemlos flüchtete er in die Steinwüste Negeb. An diesem entlegenen Ort wollte er sich verstecken.
In der Einsamkeit überdachte er sein Leben. Alles, was er wollte und wofür er kämpfte, schien sinnlos geworden zu sein. Die Angst vor Isebel nahm ihm allen Lebensmut. Elija wollte nur noch sterben. Er legte sich unter einen Ginster, die dürren Zweige boten nur wenig Schatten. Verzweifelt schlief er ein. Doch Gott ließ seinen Propheten nicht umkommen. Ein Bote Gottes weckte den schlafenden Elija und versorgte ihn mit Brot und Wasser. Elija stärkte sich und schlief dann weiter. Ein zweites Mal versorgte ihn der Gottesbote. Schlaf, Nahrung und Zuwendung richteten Elija wieder auf.

So gestärkt brach er auf und ging den langen Weg zum Gottesberg Horeb. Dort hatte schon Mose mit Gott gesprochen, Elija erhoffte sich eine Weisung: „Dort soll mir Gott erklären, was er mit mir vorhat."

Am Horeb angekommen, verbrachte Elija die Nacht in einer Höhle. Dort lag er, wieder ängstlich und verzweifelt. Er klagte: „Gott, ich habe für dich gekämpft, und du lässt mich jetzt umkommen!" Doch Gott forderte Elija auf: „Geh vor die Höhle! Dort werde ich mich dir zeigen."

Noch bevor Elija die Höhle verlassen konnte, kam ein heftiger Sturm auf. Und dann ein schweres Erdbeben. Und schließlich ein großes Feuer. Dabei spürte Elija: Gott war weder im Sturm noch im Erdbeben noch im Feuer. Doch nach dem lautstarken Getöse kam etwas sehr Stilles: ein sanfter, leiser Windhauch. Elija erkannte schlagartig: „Nun wird Gott kommen." Schnell verhüllte er sein Gesicht und wagte es, die schützende Höhle zu verlassen. Vor dem donnernden, blitzenden Gott hatte er sich versteckt – zum stillen, sanften Gott traute er sich hinaus.

Gott gab dem Elija einen Auftrag: „Geh nach Damaskus und salbe dort drei Männer: Hasael, Jehu und Elischa. Mit ihnen will ich dafür weiterkämpfen, dass keine fremden Göttes mehr in Israel angerufen werden."

Infos zur Zeit des Elija

Der Prophet Elija wirkte hauptsächlich in der Zeit des Königs Ahab, der von ca. 871 – 852 v. Chr. Israel regierte. Ahab war mit der phönizischen Königstochter Isebel verheiratet. Die Ehe mit Isebel sicherte Ahabs Macht außenpolitisch ab, weil sie die Israeliten mit den Phöniziern verbündete.

Innenpolitisch brachte diese Ehe aber große Probleme mit sich. Zwei Bevölkerungsgruppen lebten damals im Land Israel: Die kanaanäisch-phönizische Gruppe, die die phönizischen Götter verehrte, und die Israeliten mit ihrer Religion. Ahab versuchte, sich ausgleichend zu verhalten. Doch durch Isebel bekam die phönizische Gruppe immer mehr Macht und Einfluss. So kam es zu einem blutigen Religions- und Bürgerkrieg zwischen der kanaanäisch-stämmigen Bevölkerungsgruppe und den Israeliten. Die Auseinandersetzungen dauerten mehrere Jahre.

Theologische Themen

Die phönizische Religion kannte verschiedene Gottheiten, die je für eigene Aufgabenbereiche zuständig waren: Baal sorgte für Regen und fruchtbare Fel-

der, der Totengott Mot war Herr über Leben und Tod. Dagegen stand die Religion der Israeliten, die nur einen Gott kannte und ihm die Macht über alle Lebensbereiche zuerkannte. Die kanaanäische Religion wirkte auf sehr viele Israeliten anziehend und verlockend.

Baal war im syrisch-palästinischen Raum der Gott des Wetters und der Fruchtbarkeit. Seine Symbole sind Stierhörner sowie Donner und Blitz. Der Mythos begeht sein Sterben im Kampf mit dem Gott des Meeres und des Todes, mit Mot, und feiert seine Rückkehr aus der Unterwelt. Seine Ordnungsgewalt besiegt das Meer und garantiert den Regen, der für das Wachstum notwendig ist.

Elija stand eindeutig auf der Seite des Gottes Israels. Elijas Name bedeutet übersetzt „Mein Gott ist JHWH". Elijas Ziel war es, in Israel durchzusetzen, dass nur der eine Gott Israels angebetet wird und keine anderen Götter neben ihm. Beim „Gottesurteil auf dem Karmel" zeigte Gott, dass Elija auf dem richtigen Weg ist. Denn JHWH* erwies sich als mächtiger im Vergleich zu Baal, dem auch viele Israeliten vertraut hatten.

b) Der Bibeltext im Kirchenjahr

Im Religionsunterricht wird Elija in der Regel erst in der weiterführenden Schule behandelt. Dennoch ist Elija auch für Kinder im Grundschulalter ansprechend. Anregungen zur Geschichte von Elija in der Wüste und am Horeb gibt es aus dem Bereich des Kindergottesdienstes und der Kinderbibelwochen. Interessante Links sind z.B. unter www.kigo-tipps.de oder www.kinderkirche.de.

c) Der Bibeltext in der Lebenswelt der Kinder

Elijas Erfahrungen von Angst und Verlassensein teilen auch die Kinder. Ihre eigene Traurigkeit, ihre eigenen Ängste können sie wiederentdecken. Dabei ist es wichtig, behutsam vorzugehen, damit die Kinder sich in dem Maße öffnen können, wie sie es wollen. Außerdem sollte die Tatsache, dass Gott dem Elija Unterstützung durch seinen Boten, seine Nähe und Elischa schenkt, besonders betont werden. Freundschaften sind für Kinder wichtig, damit sie aus traurigen Lebensphasen herausfinden.

Die Gottesoffenbarung am Horeb kann Kindern anregende neue Gedanken eröffnen. Die Vielfalt der Bilder von Gott und die Bilder der Nähe Gottes helfen bei der Suche nach eigenen Bildern. Und ähnlich, wie die Gottesoffenbarung für Elija „mit allen Sinnen" geschieht, kann sie auch für die Kinder gestaltet werden.

II. Bausteine für die Gestaltung

Baustein 1 – Der Bibeltext für Kinder (1 Könige 19)

Die Königin Isebel schickte einen Boten zu Elija und ließ ihm ausrichten: „Ich werde dich töten lassen!" Da bekam Elija große Angst, und er floh. Er lief und lief, immer weiter Richtung Süden, und kam in die Steppe. Nur Steine, ab und zu ein Strauch – und weit und breit kein Mensch. Dort setzte er sich unter einen Ginsterstrauch und betete: „Gott, ich kann nicht mehr. Lass mich sterben!" Dann legte er sich unter den Ginsterstrauch und schlief ein.

Aber Gott schickte eine Engelsgestalt. Die kam, weckte Elija auf und sagte: „Steh auf und iss!" Elija schaute sich um und entdeckte neben seinem Kopf ein frisches Fladenbrot und einen Krug mit Wasser. Er aß und trank und legte sich wieder schlafen. Und der Engel weckte ihn noch einmal und sagte: „Steh auf und iss! Du hast einen weiten Weg vor dir!"

Elija stand auf, aß und trank. Dann machte er sich auf den Weg und wanderte und wanderte. So kam er zum Berg Gottes, der Horeb heißt. Dort ging er in eine Höhle hinein und wollte sich darin schlafen legen. Da hörte er plötzlich die Stimme Gottes: „Elija! Was machst du hier?" Elija antwortete: „Gott, ich habe mit aller Kraft für dich gekämpft. Ich setzte mich so sehr für dich ein. Deshalb will mich die Königin Isebel töten lassen. Ich bin ganz alleine, ich habe Angst. Ich kann nicht mehr! Bitte hilf mir!"

Da hörte Elija Gottes Stimme: „Komm aus der Höhle heraus! Ich werde an dir vorübergehen! Das wird dir Mut machen!" Elija fragte: „Wie soll ich dich erkennen?" Gott antwortete: „Du wirst es spüren, wenn ich da bin."

Da kam ein Sturm auf. Der rüttelte so sehr an der Bergwand, dass Felsbrocken heraus flogen. Aber Elija spürte: Gott war nicht im Sturm.

Als der Sturm vorüber war, kam ein heftiges Erdbeben. Aber Elija spürte: Gott war nicht im Erdbeben.

Als das Beben vorüber war, kam ein riesiges Feuer. Aber Elija spürte: Gott war nicht im Feuer.

Als das Feuer vorüber war, kam ein ganz leiser, zarter Hauch, kaum zu spüren. Da verhüllte Elija sein Gesicht mit dem Mantel und ging aus der Höhle heraus.

Elija hörte Gottes Stimme leise fragen: „Elija! Was machst du hier?" Elija antwortete: „Gott, ich habe mit aller Kraft für dich gekämpft. Ich setzte mich ein für dich. Deshalb will mich die Königin Isebel töten lassen. Ich bin ganz alleine, ich habe Angst."

Da hörte Elija noch einmal die Stimme Gottes: „Mach dich wieder auf. Geh nach Damaskus. Ich brauche dich dort! Ich verspreche dir: Du wirst nicht allein sein."

Als Elija vom Berg herab kam, traf er einen jungen Mann. Der hieß Elischa. Elischa begleitete Elija in Richtung Damaskus.

Baustein 2 – Rollenspiel: „Stark sein – und schwach sein dürfen"

„Kasperl" aus dem Kasperletheater ist als mutiger und cleverer Bursche bekannt. Niemand kann den Räuber überführen, wenn nicht er. Er hat die besten Einfälle, er führt waghalsige Manöver aus und siegt immer. Dass so jemand wie Kasperl auch niedergeschlagen sein und Angst haben könnte, ist wohl kaum vorstellbar. Deshalb bietet sich Kasperl als Identifikationsfigur an, durch den die Kinder lernen können: Auch mutige, „starke" Menschen können ängstlich werden. Und das ist keine Schande.

Dieses Rollenspiel mit einer Kasperl-Handpuppe ist leichter durchführbar, wenn es zwei Personen aufführen: die eine hält und spricht „Kasperl", die andere ist als Gesprächspartner/in da. Wenn jemand dieses Stück alleine spielt, muss die Stimme verstellt werden, wenn Kasperl spricht. Dies ist nicht einfach und muss vorher sorgfältig geübt werden.

❏ *Gesprächspartner/in:* Hallo, Kinder. Ich erwarte heute Besuch, auf den ich mich schon sehr freue. Ihr kennt ihn auch alle. Ach, da kommt er! *(Kasperl tritt auf. Aber er sagt kein Wort und lässt den Kopf hängen.)*

Kasperl: (.....)

Gesprächspartner/in: Hallo Kasperl! *(sieht ihn genauer an) Aber was ist denn mit dir los?*

Kasperl (matt): Mit mir? Nichts. Alles in Ordnung. Ich bin wie immer.

G: Aber so kenne ich dich doch gar nicht. Du lässt den Kopf hängen. Du hast ganz traurige Augen. Dein Mund lacht gar nicht.

K: Das sieht nur so aus. Mit mir ist alles in Ordnung.

G: Kasperl, das kann ich dir nicht glauben. *(wendet sich an die Kinder)* Kinder, findet ihr, dass Kasperl wie immer ist? *(Kinder antworten, was sie beobachten.)*

G: Hörst du, die Kinder finden auch, dass du anders bist als sonst. Stimmt etwas nicht?

K: Ich weiß nicht …

G: Hm?

K: Ich weiß selbst nicht, was mit mir los ist. Mir macht irgendwie alles keinen Spaß.

G (vorsichtig): Du bist traurig?

K (reckt sich): Ich, traurig? Nein, niemals! Ich bin niemals traurig! Ich bin mutig und klug! Aber nicht traurig! (Er fällt sofort wieder in sich zusammen.)

G: Kasperl? Kann es sein, dass du vielleicht doch traurig bist?

K (trotzig): Nein.

G: Findest du es schlimm, traurig zu sein?

K: (antwortet nicht)

G: Kinder, seid ihr auch manchmal traurig? *(Kinder antworten.)*

G: Und ist das schlimm? *(Kinder antworten)*

G: Hört du, Kasperl, die Kinder kennen das. Sie sind auch manchmal traurig, und manchmal trauen sie sich nicht, das zu sagen. Aber schlimm ist das nicht.

K: Wirklich nicht? Lacht ihr mich auch nicht aus?

G: Nein! Wir lachen dich nicht aus. Aber sag mal, Kasperl: Warum bist du denn so niedergeschlagen?

K: Lacht ihr wirklich nicht?

G: Ich verspreche es. Und ihr, Kinder? Versprecht ihr es dem Kasperl auch? *(Kinder versprechen es.)*

K: Ich bin traurig, weil ich…, weil ich … – weil ich Angst habe. Angst vor dem Räuber. Ich habe Angst, dass er mir weh tut.

G: Das kann ich gut verstehen. Der Räuber ist ja auch sehr groß und mächtig.

K: Das kannst du verstehen? Ich dachte: Wenn ich zugebe, dass ich Angst habe, dann lachen alle über mich.

G: Nein Kasperl! Alle Menschen haben mal Angst. Erwachsene und Kinder. Ich hatte auch schon Angst. Und die Kinder hier – wer von euch hatte schon mal Angst? Meldet euch mal! *(Kinder melden sich.)*

K: Das hätte ich nicht gedacht. So viele. Und du auch! Ich habe immer gedacht, alle anderen sind immer mutig und haben nie Angst.

G: Nein, Kasperl, jeder Mensch hat Angst.

❏ Ein Gespräch mit den Kindern über ihre Ängste schließt sich an. Sie überlegen, welche Möglichkeiten es gibt, damit umzugehen. Zum Schluss wird das „Kindermutmachlied" gesungen.

Baustein 3 – Erzählung mit Beteiligung

Die Kinder werden in die Erzählung eingebunden, indem sie zunächst Elija und später die Naturgewalten „darstellen":

❏ Im ersten Teil der Erzählung setzen die Kinder in Bewegung um, was Elija tut:
  – „Elija hörte, was Isebel sagte": Die Kinder legen die Hände hinter die Ohren zum Lauschen.
  – „Elija bekam große Angst": Die Kinder zittern vor Angst.
  – „Elija floh": Die Kinder ahmen das Rennen nach.
  – „Elija betete": Die Kinder falten die Hände.
  – „Elija legte sich hin": Die Kinder legen ihren Kopf auf die zusammengelegten Hände und schließen die Augen.
  – „Elija schaute sich um und entdeckte neben seinem Kopf ein frisches Fladenbrot und einen Krug mit Wasser. Er aß und trank": Die Kinder spielen dies pantomimisch nach.
  – „Elija wanderte zum Horeb": Die Kinder „wandern" im Raum umher.
  – „Elija setzte sich in eine Höhle": Die Kinder kauern sich hin.

❏ Im zweiten Teil der Erzählung werden die Kinder beteiligt, indem sie die Naturgewalten mit Geräuschen bzw. Bewegungen „unterlegen":
  – Sturm: Die Kinder machen Windgeräusche, die sich langsam steigern.
  – Erdbeben: Die Kinder schlagen mir ihren Händen auf den Tisch oder

trampeln mit ihren Füßen fest auf den Boden.

– Feuer: Die Kinder bewegen ihre Arme und Hände wie Feuerflammen. Dazu machen sie knisternde und knackende Geräusche.

– Hauch: Die Kinder machen das leiseste Geräusch, das sie sich vorstellen können.

Baustein 4 – Gesprächsimpulse

❑ Elija hatte Angst vor der Königin Isebel. Was habt ihr gefühlt, wenn ihr euch vor einem Großen gefürchtet habt?

❑ Gott schickt Elija einen Boten, der ihn gut versorgt. Welche Hilfe braucht ihr, wenn ihr nicht mehr weiter könnt?

❑ Sturm und Erdbeben und Feuer sind laut und mächtig. Aber Gott ist da, wo es ganz leise ist. Was meint ihr: Woher kommt das?

❑ Elija trifft auf Elischa und danach gehen sie zusammen weiter. Was verändert sich für Euch, wenn ihr etwas mit anderen gemeinsam macht?

Baustein 5 – Bilder zur Gottesbegegnung in Verbindung mit Musik

1. Schritt: Den Kindern werden nacheinander die folgenden Bilder gezeigt (z.B. als Folie oder Plakat). Die Kinder werden eingeladen, die Bilder zu beschreiben.

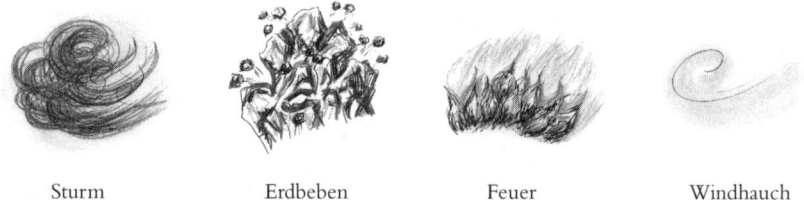

| Sturm | Erdbeben | Feuer | Windhauch |

2. Schritt: Elijas Geschichte wird erzählt.

Schritt: Mit den Kindern wird der entsprechende Teil aus dem Oratorium „Elias" von Mendelssohn-Bartholdy angehört. Sie werden eingeladen, herauszufinden, welche Klänge, Instrumente, Lautstärke... der Komponist für die jeweiligen Bilder verwendet.

■■
■ ■ Baustein 6 – Liedvorschläge
■

❏ Das wünsch ich sehr
❏ Halte zu mir, guter Gott (Bd.1 S.16)

1. Ma - che dem Furcht - sa - men Mut.
2. Tritt für den Furcht - sa - men ein.
3. Nimm doch den Furcht - sa - men mit.
4. Ma - che dem Furcht - sa - men Mut.

1. Sag nicht nur Fürch - te dich nicht. Ge - he mit ihm
2. Sag nicht nur Fürch - te dich nicht. Tu - e den Mund
3. Sag nicht nur Fürch - te dich nicht. Gib ihm ein Dach
4. Sag nicht nur Fürch - te dich nicht. Stell dich zu ihm

1. ein Stück Wegs, leg ihm die Hand auf die
2. für ihn auf, hilf ihm und dir, dich zu
3. für die Nacht. Gib ihm Ge - leit in den
4. und ver - such, mit ihm den Frie - den zu

1. Schul - ter. Ma - che dem Furcht - sa - men Mut. —
2. weh - ren. Ma - che dem Furcht - sa - men Mut. —
3. Mor - gen. Ma - che dem Furcht - sa - men Mut. —
4. le - ben, mit ihm den Frie - den zu le - ben!

■■
■ ■ Baustein 7 – Gebet
■

Gott, manchmal fühle ich mich wie Elija unter dem Ginsterstrauch und wie
Elija in der Höhle.

Kind: Wenn ich mich verkrieche…   *Alle:* bist du bei mir Gott.
Kind: Wenn ich große Angst habe…   *Alle:* bist du bei mir, Gott.
Kind: Wenn ich traurig bin…   *Alle:* bist du bei mir Gott.
Kind: Wenn ich schwach bin…   *Alle:* bist du bei mir Gott.
Kind: Wenn ich mich allein fühle…   *Alle:* bist du bei mir, Gott.
Kind: Wenn ich Hilfe brauche…   *Alle:* bist du bei mir, Gott.
Kind: Wenn ich nicht mehr weiter weiß… *Alle:* bist du bei mir, Gott.

Gott, du hast Elija geholfen. Er konnte weiter gehen. Lass auch uns deine
Hilfe spüren. Sei bei uns, wenn es uns nicht gut geht und begleite uns.

Der Prophet Hosea findet neue Wörter über Gott

Hosea 11,1-9

I. Erschließung der biblischen Botschaft

a) Erklärungen zum Bibeltext

Der Prophet Hosea

Hosea trat um 750 v.Chr. in Samaria, der Hauptstadt des Nordreichs Israel auf. Israel erlebte damals eine wirtschaftliche und kulturelle Blütezeit. Opferfeiern, Heiligtümer, Altäre wurden immer zahlreicher und prunkvoller. Trotz allem äußeren Getue beschuldigt Hosea das Volk – allen voran die Priester – JHWH* und seine Weisung „vergessen" zu haben. Statt Mitmenschlichkeit, Solidarität und Gerechtigkeit wurden möglichst viele Opfer dargebracht.

Hosea verkündet als „Sprachrohr" JHWHs: „Denn an Güte habe ich Gefallen, nicht an Schlachtopfern und an der Erkenntnis Gottes mehr als an Brandopfern." (Hos 6,6) Dieser Kernsatz von Hoseas prophetischer Verkündigung wird im Matthäusevangelium zweimal zitiert.

Hosea wirft Israel vor, von JHWH, der es doch aus Ägypten gerettet habe, „zu den Baalen abgefallen" zu sein. Bei Hosea stehen die „Baale" für abtrünniges Gottesverhältnis, für verfälschten Gottesdienst, für verfehlte Politik, für oberflächliches Vertrauen in Gottes Gnade, für Überheblichkeit der Auserwählung, für Verweigerung von Umdenken und Umkehr. Das politische Schwanken des Nordreichs Israel zwischen den Großmächten Ägypten und Assyrien brandmarkt Hosea als Abfall von JHWH. Die sich abzeichnende Katastrophe versteht er als Strafgericht. 722 v. Chr. wurde Samaria durch die Assyrer erobert und zerstört, die Bevölkerung deportiert. Das Nordreich Israel ging mit all seinen Institutionen, mit seinen Errungenschaften des zivilen und religiösen Lebens unwiderruflich unter.

In der Tragik seiner eigenen Ehe erkennt und durchleidet Hosea die Treulosigkeit Israels gegenüber JHWH, der es befreit, geführt und reich beschenkt hat. (Hos 1,2-9; 2,4-17; 3,1-4; 2,18-25)

Trotz der selbstverschuldeten Katastrophe bricht Gott die Beziehung zu seinem Volk nicht ab. Seine Liebe ist stärker als sein Zorn. Er wendet sich dem abtrünnigen Israel wieder zu, handelt eigentlich inkonsequent und schenkt einen neuen Anfang.

Das Buch Hosea

Die Worte des Propheten Hosea wurden auf dem Umweg über das Südreich Juda etwa 200 Jahre lang weiterentwickelt, bis sie in der Form vorlagen, wie wir heute das Buch Hosea kennen.

Die Texte machen die Zwiespältigkeit des Lebens sichtbar. Sie pendeln ständig zwischen zwei Polen: zwischen Zorn und Liebe, Abwendung und Zuwendung, Strafe und Vergebung, Verderben und Heil.

Die Beziehung zwischen Gott und seinem Volk artikuliert sich weitgehend in der Sprache der Liebesbeziehung, zwischen Mann und Frau, zwischen Vater und Sohn, zwischen Mutter und Kind.

Hosea 11 – „Das Evangelium im Alten Testament" (G. v. Rad) in der Übersetzung von Helen Schüngel-Straumann

(Die Einheitsübersetzung ist von der Vorentscheidung geprägt, Gott ausschließlich männlich zu denken. An manchen Stellen ist der hebräische Text nicht eindeutig, weist aber auf weibliches Verhalten hin. Zugleich wird das Wort „Mutter" vermieden. Der Text zeigt die Spannung zwischen den verschiedenen Seiten sehr deutlich.)

„[1] Als Israel jung war, gewann ich ihn lieb,
aus Ägypten rief ich meinen Sohn.
[2] Doch wie ich sie rief,
so liefen sie von mir weg,
den Baalen opferten sie,
und den Bildern räucherten sie.
[3] Dabei war ich es doch, der Efraim gestillt hat,
indem ich ihn auf meine Arme nahm.
Sie jedoch begriffen nicht,
dass ich sie pflegte.
[4] Mit menschlichen Seilen zog ich sie,
mit Stricken der Liebe.

Und ich war für sie wie solche,
die einen Säugling an ihren Busen heben,
und ich neigte mich zu ihm,
um ihm zu essen zu geben.
⁵ Zurück muss er nach Ägyptenland,
und Assur wird sein König sein,
weil sie sich weigerten umzukehren.
⁶ Und das Schwert wird in seinen Städten wüten
und seine Schwätzer vertilgen, und sie werden aufessen müssen,
was sie sich eingebrockt haben.
⁷ Aber mein Volk hält fest am Abfall von mir:
Zum Baal ruft man,
aber der zieht sie nie und nimmer groß!
⁸ Wie soll ich dich preisgeben, Efraim?
ich dich aufgeben Israel?
Wie kann ich dich preisgeben wie Adma?
Dich behandeln wie Zeboim?
Es kehrt sich gegen mich mein Herz,
ganz und gar ist entbrannt mein Mutterschoß.
⁹ Nicht kann ich meinen glühenden Zorn vollstrecken,
nicht kann ich (mein Inneres) nochmals umdrehen, um Efraim
zu verderben!
Denn Gott bin ich und nicht Mann,
in deiner Mitte heilig,
und nicht komme ich, um zu zerstören."

Erläuterungen zu Hos 11

Im ersten Teil (1-7) „redet" JHWH über Israel. Der mütterlichen Zuwendung stellt er Israels widerspenstige Abkehr gegenüber. JHWH allein hat Israel zu sich gerufen aus der ägyptischen Sklaverei. Wie eine zärtliche, liebevolle Mutter sorgte er für das Leben von Efraim (Israel), nährte und pflegte es, zog es groß. Doch Israel wandte sich immer wieder von Gott ab und anderen politischen und kultischen Mächten (Baalen) zu. So laufen die Menschen Israels in ihr Verderben und müssten eigentlich „auslöffeln, was sie sich selbst eingebrockt haben".
Im zweiten Teil (8-9) findet ein Umschwung statt. JHWH redet Israel direkt an. Es geht nicht mehr um dessen Verhalten, son-

dern um die starken leidenschaftlichen Konflikte „im Innern JHWHs". Gott ringt mit sich selbst um das abgefallene Israel. Sein Zorn und sein Gerechtigkeitsgefühl drängen auf Strafe. Doch dann entbrennt das Mitgefühl in Gottes „Mutterschoß". Gott bringt es nicht übers Herz, Israel zu vernichten - wie einst Adma und Zeboim, die untergegangenen Nachbarstädte von Sodom und Gomorra. „Herz" ist nach biblischem Verständnis nicht der Sitz der Gefühle, sondern des Verstandes und Willens. Diese werden überstimmt durch das mütterliche Erbarmen. „Denn Gott bin ich und nicht Mann", das meint: Nicht das herkömmlich dem Manne zugeschriebene Verhalten, das um der Gerechtigkeit willen auf Vollstreckung der Strafe pocht, lässt Israel leben, sondern die göttliche Liebe, die Gnade vor Recht ergehen lässt. Auch in der ältesten Fassung der Sintfluterzählung wird die Menschheit gerettet, weil Gott von Mitleid mit seinen Geschöpfen ergriffen wird, die er eigentlich vernichten wollte.

Im Ersten Testament tauchen immer in Krisensituationen weibliche Gottesbilder auf. Einseitig männliche Bilder sind nicht das Ganze, genügen nicht. Das heißt allerdings nicht, dass bedingungslose Liebe und Zuwendung den Müttern vorbehalten ist. Im Gleichnis vom barmherzigen Vater (Lk 15,11-32) zeichnet sie auch den Vater aus.

Gott ist „heilig", ganz anders, größer als unser Herz, größer und anders als alle Erwartungen und Vorstellungen. Gott ist „in deiner Mitte", also im Anderssein doch nahe und erfahrbar als mütterliches Erbarmen, als das Ja der Liebe trotz aller Schuld, als neue Chance nach dem Zusammenbruch.

Hoseas Sprachbilder von Gott

Von allen biblischen Schriften bringt das Buch Hosea die meisten, die ungewöhnlichsten, die widersprüchlichsten und befremdendsten Vergleiche von Gott. Es geht dabei nicht um „Gott an sich", sondern um „Gott für Israel", um ein Beziehungsgeschehen. So hat Israel Gott erfahren, immer anders, unverfügbar, unerwartet, als JHWH, der da ist, der da sein wird. Gott wirkt und ist wirklich da. Die verschiedenen Bereiche der Wirklichkeit spiegeln sich in einer Fülle farbiger Sprachbilder.

Hosea benutzt viele verschiedene Bilder für Gott:

- enttäuschter Ehemann (2,4) oder kämpfender Liebhaber (2,16)
- fürsorgliche Mutter (11,3-9)
- Arzt, der Israel heilen will (14,5; 7,1)
- Hirte, der Israel auf die Weide in der Wüste führt (13,5)

- Vogelfänger, der sein Netz über Israel wirft, das nach Assur davonläuft (7,12)
- Löwe oder Panther, der Israel ob seiner Sattheit und Überheblichkeit anfällt (5,14; 13,7),
- wütende Bärin, die Israel Brust und Herz zerreißt,
- Eiter und Knochenfraß, der über Israel kommt, aufgrund der falschen Diagnose des falschen Arztes Assur (5,12),
- belebender Tau, der Israel aufblühen lässt (14,6)
- grünender Wacholder (14,9).

Hoseas Bilder für JHWH sind teilweise schockierend. Andere Vorstellungen sind uns vertrauter. Aber je einseitiger und spärlicher sie sind, umso mehr besteht die Gefahr, sie mit der göttlichen Wirklichkeit als solcher zu verwechseln und damit das Bilderverbot (Ex 20,4) zu verletzen. Jedes Bild, auch jedes Sprachbild ist begrenzt, muss durch andere Bilder hinterfragt und ergänzt werden. Jedes Bild ist nur eine von ungezählten Facetten. Die verschiedenen Bilder wollen zusammengeschaut, nicht gegeneinander ausgespielt werden. Gerade ihre Vielfalt kann helfen, die Vielfalt menschlicher Erfahrungen anzusprechen und die Aufspaltung in männlich und weiblich, in göttlich und menschlich aufzuheben.

b) Der Bibeltext in Kirche und Schule

In gekürzter Form ist der Text die 1. Lesung am Herz-Jesu-Fest.
Er ist auch für folgende Themenkreise in Schule und Katechese geeignet:
Mütterliche Züge im Gottesbild (Baustein 2)
Das Ja der Liebe trotz aller Schuld (Baustein 3 und 4)
Gottesvorstellungen und Gottesbilder (Baustein 5 und 6)

c) Der Bibeltext in der Lebenswelt der Kinder

Kinder haben oft den Eindruck – berechtigt oder unberechtigt – dass sie sich die Liebe und Zuneigung der Erwachsenen verdienen müssen – durch angepasstes Verhalten, durch Gehorsam, Fleiß, gute Noten, Leistungen. Belohnungen und Bestrafungen, die nicht eine natürliche Folge einer Handlung sind, verstärken diesen Eindruck und nähren die Angst vor Liebesverlust.
„Wenn ich nicht folge, mag mich meine Mama nicht mehr."
„Wenn ich in der Schule versage, ist mir Papa böse." u.s.w.

Diese Lebenseinstellung und reale Erfahrungen mit Bezugspersonen werden häufig auf das Verhältnis zu Gott übertragen: Ich muss mir die Liebe Gottes verdienen, indem ich seine Gebote (die häufig mit kirchlichen Verhaltensregeln gleichgesetzt werden) befolge, gute Taten vorweise, meine Sünden bereue...

Wie die Gleichnisse vom Verlorenen in Lk 15, oder die Texte über Jesu Zuwendung zu Menschen, die als Sünder/innen verachtet wurden, so kann auch Hosea 11 die Kinder ermutigen in dem Bewusstsein: Nicht weil ich so tüchtig und wertvoll bin, liebt mich Gott, sondern weil Gott mich liebt, bin ich wertvoll.

II. Bausteine für die Gestaltung

Baustein 1 – Der Bibeltext gekürzt und kindgemäß formuliert

So spricht Gott im Buch Hosea:
Israel war noch klein.
Da habe ich es schon lieb gewonnen als mein Kind.
Aus Ägypten, dem fremden Land, habe ich es zu mir gerufen.
Doch es lief immer wieder von mir weg – wieder hin zu mächtigen Fremden. Es begriff nicht, dass ich allein es pflegte.
Ich habe es wie einen Säugling auf meine Arme genommen und gestillt.
Ich habe mich ihm zugeneigt und ihm zu essen gegeben.
Ich habe es aufgezogen und hoch gebracht.
Aber mein Volk weigerte sich, zu mir zurückzukehren.
Darum müsste es eigentlich auslöffeln, was es sich eingebrockt hat.

Aber wie kann ich dich aufgeben, Israel?
Wie kann ich dich im Stich lassen?
Ich bringe es nicht übers Herz, dich in dein Verderben rennen zu lassen.
Meine Mutterliebe zu dir brennt in mir wie Feuer.
Sie ist stärker als mein Zorn.
Denn Gott bin ich und nicht ein Mann.
Ich bin heilig, ich bin in deiner Mitte.

Baustein 2 – Meditation

Nach Möglichkeit legen (oder setzen) sich die Kinder auf den Boden.
Lasst euch auf dem Boden nieder! Wenn ihr mögt, schließt eure Augen, damit
ihr besser spüren könnt!
Stille oder ruhige Musik zur Einstimmung

- Spüre den Boden unter dir.
- Du kannst dich auf ihm niederlassen.
- Du kannst dich auf ihn verlassen.
- Er trägt dein ganzes Gewicht.
- Er trägt dich so, wie du gerade bist: leicht oder schwer – wach oder
  müde – fit oder schlapp – ruhig oder unruhig – zufrieden oder unzu-
  frieden – oder noch ganz anders.
- Der Boden trägt und hält deine Füße – deine Beine – deinen Bauch-
  raum – deinen Rücken – deine Schultern – deine Arme – deine
  Hände – deinen Hals – deinen Kopf *(ausreichend Pausen nach jedem Kör-
  perbereich)*
- Der Grund, auf dem du liegst, ist ganz fest.
- Er lässt dich nicht versinken, nicht fallen.
- Du darfst dir auf ihm so viel Platz nehmen, wie du möchtest.
- Er nimmt dich an, so wie du bist.
- Er nimmt dich auf, wie eine gute Mutter – wie Gott.

Leise Musik oder Stille – dann einige Verse aus Hos 11, z.B.:
So spricht Gott zu uns, zu mir, zu dir:
„Wie könnte ich dich je aufgeben?
Wie könnte ich dich je im Stich lassen?
Ich bin es doch, die dich trägt, die dich nährt, die dich groß zieht, die dich
leben lässt.
Meine Mutterliebe zu dir brennt in mir wie Feuer.
Denn Gott bin ich, nicht ein Mann.
Ich bin ganz in deiner Mitte."

- Dehnt und reckt euch in eurer ganzen Länge und Breite!
- Streckt euch aus auf diesem guten Grund, der euch trägt!
- Steht dann langsam auf und schüttelt euch kräftig durch!

■■
■ Baustein 3 – Vergebungsritual

❏ Hosea klagt Israel mit scharfen Worten an:
„Ihr habt Gott und seine Weisungen vergessen.
Ihr seid satt und überheblich geworden.
Ihr habt einander betrogen und bestohlen.
Ihr habt euch nicht um die andern gekümmert, sondern nur um euren eigenen Vorteil.
In euren Gebeten und Gottesdiensten habt ihr nicht Gott gesucht, sondern euch selbst.
Eigentlich habt ihr Gottes Liebe verspielt."
Auch uns treffen manchmal Anklagen, Vorwürfe, Beschuldigungen – vielleicht von den Eltern, von den Lehrern, von den Freunden, von den Geschwistern – und manchmal auch von uns selbst. Schreibt die Anklage, die euch am meisten drückt, auf einen Papierstreifen – nur für euch selbst, niemand sonst darf sie lesen! Diese Streifen werden verdeckt in eine Schale gelegt.
❏ Der Bibeltext wird nun ganz oder in Auszügen langsam vorgelesen. Zum Zeichen für die brennende Liebe im Innern Gottes werden mit der Flamme der Osterkerze die „Anklageschriften" verbrannt.
❏ Im Anschluss daran erhält jedes Kind ein Teelicht und einen farbigen Papierstreifen, auf den es als Erinnerung den ihm wichtigsten Satz aus dem Text schreiben kann. Ein Danklied oder ein Tanz beschließt das Ritual.

■■
■ Baustein 4 – Die gute Nachricht von Gottes Liebe im AT und NT

❏ Die Kinder suchen in Hos 11 und in den drei Gleichnissen von Lk 15:
Bilder für Gott: Mutter – Vater – Schafhirt – Frau
Bilder für das Verlorene: Israel –Kind (Sohn oder Tochter)– Schaf – Geldstück
❏ Jedes Kind malt ein Bild zu den gefundenen Begriffen oder schreibt die Begriffe je einzeln auf eine Wortkarte. Eine dritte Möglichkeit ist ein mimisches Spiel, bei dem die Kinder eine dieser Rollen übernehmen und sich mit einfachen Requisiten und/oder Tüchern verkleiden.
❏ *Der Prozess des Verlierens und Wiederfindens* wird dann mit den gemalten Bildern oder den Wortkarten, die hin und her bewegt werden, oder über das szenische Rollenspiel nachgestaltet.

Erste Szene – *Beisammensein:*
- – Das Kind Israel ist bei der Mutter
- – Das Schaf ist beim Hirten
- – Das Geldstück ist bei der Frau
- – Der Sohn ist beim Vater

Zweite Szene – *Trennung:*
- – Israel rennt ins Verderben
- – Das Schaf rennt weg
- – Das Geldstück rollt davon
- – Das Kind zieht aus

Dritte Szene – *Suche:*
- – In Gott streiten Zorn und Liebe
- – Der Hirte sucht sein Schaf
- – Die Frau kehrt das ganze Haus aus
- – Der Vater hält Ausschau nach dem Kind

Vierte Szene – *erneutes Zusammengehören:*
- – Gott kommt in Israels Mitte
- – Der Hirte nimmt das Schaf auf seine Schultern und freut sich
- – Die Frau findet das Geldstück und feiert ihre Freude
- – Der Vater umarmt sein Kind und veranstaltet ein großes Fest

❏ Gedanken für das anschließende Gespräch:
Gott vergibt nicht aufgrund von Bekehrung, nicht aufgrund von verbüß-
ter Strafe, nicht einmal aufgrund abgetragener Schuld, sondern ohne Vor-
leistung aus mütterlicher/väterlicher Zuneigung:
- – weil Gott an jedem von uns liegt
- – weil Gott uns liebt
- – weil wir zu Gott gehören.

■ Baustein 5 – Was meinen wir, wenn wir „Gott" sagen?

(Ein Erfahrungsbericht aus dem Religionsunterricht der Grundschule)

❏ Wir nehmen oft das Wort „Gott" in den Mund, ohne dabei an Gott zu
denken, z.B. „Gott sei Dank", „Grüß Gott".

Was meinen wir wirklich, wenn wir „Gott" denken oder von ihm sprechen? Mit welchen anderen Worten oder Namen können wir „Gott" umschreiben oder ausdrücken?

Die Kinder bringen spontan und rasch eine Fülle von Begriffen, die alle aufgeschrieben werden. Da gibt es Bildworte wie Quelle, Sonne, Meer..., personale Vergleiche wie Freund, Vater, Mutter..., abstrakte Begriffe wie Geheimnis, Liebe, Leben, Kraft, auch Gegensätze sind dabei, wie Licht und Dunkel, Ruhe und Bewegung...

Impulsfrage: Und was stimmt jetzt? Was ist richtig?

Die meisten rufen: Alles! Einige: Nichts!

Einer stellt fest: Alles und Nichts! Denn alles sind echte Gedanken und Erfahrungen, die sich die einzelnen von Gott machen. Und nichts ist wirklich Gott. – Allgemeine Zustimmung. –

Vorschlag: Wenn wir nun um alle Worte einen großen Kreis ziehen würden, wäre das alles dann Gott?

Nein, das sind ja nur die Worte aus unserer Klasse!

Wir müssten die von allen Menschen auf der ganzen Welt dazunehmen.

Ja, und auch die Menschen fragen, die früher gelebt haben.

und die, die noch leben werden

und auch noch alle Tiere und alle Pflanzen

❏ Weiterer Impuls: Wenn wir alles zusammen nehmen, wäre es dann Gott?

Zuerst Nachdenken, Zögern, dann:

Nein, das wäre nur, was alle Lebewesen von Gott denken.

Niemand weiß alles über Gott.

Jeder denkt eben so über Gott, wie er ihn erlebt hat.

Und jetzt erlebe ich ihn anders als damals, als ich noch im Kindergarten war.

Und wenn ich groß bin, erlebe ich ihn wahrscheinlich wieder anders und gebe ihm andere Namen.

Jede von uns gibt ihm andere Namen. Kein Name ich falsch.

Und keiner ist der einzig richtige.

In der nächsten Stunde suchen wir Namen und Bilder für Gott, die Menschen vor Tausenden von Jahren gefunden haben. Davon entdecken wir viele in der Bibel.

Baustein 6 – Mein Bild von Gott

❏ „Gott sagt zu Israel: Du sollst dir kein Gottesbild machen... und niederfallen und es anbeten. (Ex 20,4)
Aber wir Menschen können nur in Bildern und Vorstellungen denken. Jede und jeder von uns hat beim Gedanken an Gott ein anderes Bild vor Augen. Natürlich wisst ihr, dass niemand Gott sehen kann, und dass Gott anders ist als alle unsere Bilder von ihm. Male oder zeichne aber trotzdem deine eigene Vorstellung von Gott. Wähle Farben und Formen, die zu deinem Bild von Gott passen!
Wer möchte, darf zu seinem Bild auch etwas schreiben oder erzählen, es aufhängen, damit es auch die andern sehen können. Du darfst dein Bild auch für dich behalten."

❏ Im anschließenden Gespräch kann deutlich werden: Die Vielfalt von Bildern, Namen, Symbolen entspricht der Vielfalt menschlicher Erfahrungen und Vorstellungen. Jedes Bild wird durch andere Bilder ergänzt, sie können nicht gegeneinander ausgespielt werden.

Baustein 7 – Lied

Du bist Vater und Mutter

Zwischen den Wiederholungen dieses Liedrufes können Bibelverse (z.B. Ex 3,15; Hos 11,9; Jes 55,6; Jes 12,3; 2 Kor 9,10; Spr 3,3...) gelesen werden.

Gottes Wort lässt uns leben
Jesaja 55,1-5

I. Erschließung der biblischen Botschaft

a) Erklärungen zum Bibeltext

In Jes 40-55 finden wir eine Erweiterung des Jesaja-Buches (s. Bd. 1, S. 9-11) durch einen unbekannten Propheten, genannt Deuterojesaja (der zweite Jesaja). Diese Texte machen deutlich, dass die Katastrophe der Zerstörung Jerusalems und des Tempels im Jahr 586 v. Chr. über Israel hereinbrach, weil es auf die eindringlichen Mahnungen zur Umkehr des ersten Jesaja nicht hörte. Der Verfasser zeigt Israels Schuld und ruft es zu Besinnung und Umkehr auf. Sein Trost ist: So gewiss die Vorhersagen des Unheils eingetroffen sind, wird auch JHWHs barmherzige Vergebung der Schuld, sowie Segen und Heil für Israel eintreffen.

Trost und Ermutigung für drei Adressaten

1. Der vorliegende Text richtet sich an die Israeliten der Oberschicht, die nach der Zerstörung Jerusalem nach Babel ins Exil verschleppt wurden. In dieser schweren Zeit tröstet er sie und ermutigt sie, den Glauben an JHWH* zu bewahren und ihm weiter zu vertrauen. Das war in einer Umwelt, die die Gestirne am Götterhimmel in prächtigen Tempeln und mit beeindruckenden Prozessionen verehrte, nicht leicht. Auch fragten die Verschleppten, warum Gott Jerusalem nicht vor der Zerstörung und sie vor dem Exil bewahrt hatte.

2. Zweifel und Fragen hatten auch die in Jerusalem zurück Gebliebenen, denn sie waren sich JHWHs Schutz so sicher gewesen. Hoffnungslosigkeit machte sich breit.

3. Als der Perserkönig Kyrus die Babylonier besiegte, Jerusalem unter seine Herrschaft kam und die Israeliten zurückkehren durften, erkannten sie diese Befreiung dankbar als Handeln JHWHs. Doch ihre Heimkehr hatten

sie sich anders vorgestellt. Der mühevolle Neuanfang in der zerstörten Stadt, in der der Tempel noch in Trümmern lag, machte sie mutlos. Ihr Glaube kam erneut in eine tiefe Krise.

Um alle Betroffenen zu erreichen, wurde der Text des Deuterojasaja mehrfach bearbeitet und erweitert. Er will allen Bedrückten Segen und Heil verheißen. Er ruft sie, zur Quelle zu kommen und auf Gottes Wort zu hören, um das, was Leben lebenswert macht, als Geschenk zu erhalten. Darüber hinaus bietet er jedoch allen Völkern, die kommen und auf ihn hören wollen, seinen Segen und sein Heil an.

Jes 55, 1-5

Verse 1-2: Angesprochen sind alle, denen fehlt was sie brauchen, um wirklich leben zu können. Dabei beziehen sich die verlockenden Angebote nicht wörtlich auf Durst und Hunger, auf Sattwerden und Genießen, sondern auf den Mangel und das Verlangen nach dem, was das Leben lebenswert macht, was es mit Sinn erfüllt. Das Angebot zeigt: Gott schenkt nicht nur das Notwendige, sondern auch „Speise" für Fest und Freude.

Vers 3a: Hier bietet JHWH durch seinen Propheten an, zu ihm zu kommen und auf sein Wort zu hören. Es ist die Speise, die Lebenshunger stillt, die Halt und Kraft gibt, um Leiden durchzustehen. Sie ist Geschenk ohne Gegenleistung, Zeichen seiner Güte, seines Wohlwollens, seiner Liebe.

Vers 3b-4: JHWHs Angebot ist noch umfassender. Er will den Bund (Vertrag, Versprechen) den er einst mit König David geschlossen hatte, auf ganz Israel übertragen. David wurde durch seine Eroberungen Herr über viele Völker und damit Zeuge für die Macht und den Beistand JHWHs. Israel jedoch, mit dem er jetzt diesen Bund schließen will, soll Zeuge seiner Barmherzigkeit, seines bedingungsloses Verzeihens und seiner Menschenfreundlichkeit sein. Nicht durch Eroberungen soll es Völker für JHWH gewinnen, sondern durch das Zeugnis seiner Güte. Dann werden sie freiwillig kommen, weil auch sie zu JHWH gehören wollen.

Vers 5: Hier spricht der Text vom Gottesberg Zion*, dem Wahrzeichen Jerusalems. Er sagt, was geschehen wird, um JHWHs willen, der den Zion herrlich gemacht hat.

Allen Völkern will er Segen und umfassendes Heil schenken, wie das hebräische Wort Schalom ausdrückt. Die Menschen werden sich kennen lernen, sich gemeinsam an Gottes Wort halten und in Frieden zusammen leben.

b) Der Text im Kirchenjahr

Jes 55,1-11 kommt besonders oft in der Leseordnung vor:
- Er ist als 5. Lesung in der Osternacht zu hören. Bei Gott ist Leben zu finden. So kündigt es das AT nicht nur an, so verkündet es den befreienden und beschenkenden Gott.
- Im Lesejahr A sind am 15., 18. und 25. Sonntag im Jahreskreis Abschnitte dieses Textes vorgesehen: Die Zuverlässigkeit, mit der das Wort Gottes wirkt, kann mit der Zuverlässigkeit des Keimens der Saat verglichen werden. Als Jesus die Fünftausend speist, ist Gott, der den Menschen Speise gibt, am Werk. Die unerwartete Großzügigkeit des Gutsbesitzers (Mt 20,1-16) entspricht der Großzügigkeit Gottes bei Jesaja.
- Im Lesejahr B kann er am Fest der Taufe Jesu gelesen werden. In der Stimme, die Jesus zuspricht: „Du bist mein geliebter Sohn." ist das wahre und verlässliche Wort Gottes zu hören, von dem in Jes 55,10f die Rede ist.

c) Der Text in der Lebenswelt der Kinder

Viele Kinder kennen Nahrungsmangel nicht, freuen sich aber über Angebote, die ihnen nicht grundsätzlich und reichlich zu Verfügung stehen. Durch Geldmangel in den Familien bedingt, erleben sie teilweise bedrückend das Fehlen von Dingen und Möglichkeiten, die für andere selbstverständlich sind. Bedürftigkeit im übertragenen Sinn erfahren sie jedoch, wenn sie sich nicht geborgen fühlen, nicht akzeptiert werden oder wenn niemand da ist, der Zeit hat und zuhört.

Bei der Klärung der Bilder des Textes geht es darum, herauszufinden, was mehr ist als gute Speisen und Getränke. Sie erleben zwar, dass sie sich mit Geld schöne Dinge kaufen können, jedoch Freude, Anerkennung, Geborgenheit und anderes, das gutes und lebenswertes Leben ausmacht, nicht gegen Geld zu haben ist.

Kinder ab acht Jahren beginnen Worte, die ihnen unangenehm sind, wie Tadel, die Bitte um Mithilfe oder die Forderung, sich an Regeln zu halten, möglichst nicht zu beachten. Andererseits ist ihnen persönliche Beachtung wichtig. Deshalb ist es sinnvoll, sich mit der Wirkung von Worten zu beschäftigen.

Es ist interessant, sich Jerusalem mit den vielen Völkern, die sich „um JHWHs willen" rufen lassen oder von selbst kommen, vorzustellen. In Kindergruppen, Klassen, Schulen und Gemeinden sind oft Kinder, deren Eltern aus anderen Ländern stammen. Die Beschäftigung mit dem Text ist eine Chance, sich gegenseitig kennen zu lernen, vertraut zu werden mit fremden Sitten und Denkweisen und das Anderssein zu akzeptieren.

II. Bausteine für die Gestaltung

Baustein 1 – Der Bibeltext für Kinder (Jes 55, 1-5)

Ihr Leute, wenn ihr Durst habt, kommt zum Wasser. Es ist kostbar, aber es kostet nichts. Kommt und esst. Es gibt Getreide, Wein und Milch und sogar das leckerste Essen ganz umsonst.
Warum kauft ihr mit Geld, was nicht satt macht? Hört auf mich, dann bekommt ihr das Beste zu essen. Wenn ihr zu mir kommt und auf mich hört, werdet ihr gut leben.
Ich will einen Bund mit euch schließen, wie damals mit König David. Ihn habe ich zum Herrscher vieler Völker gemacht. Er war Zeuge meiner Macht. Aber du Israel, sollst Zeuge meiner Barmherzigkeit sein. Viele Völker wirst du zum heiligen Berg Zion in Jerusalem rufen. Viele werden von selbst kommen, um zu Gott zu gehören. Er ist der Heilige, der dich, Israel, mit Jerusalem und dem Zion groß und schön gemacht hat.

Baustein 2 – Wasser ist kostbar

Folgende Fragen dienen als Anregung für ein Gespräch mit Kindern über das kostbare Wasser. Als Impuls kann das nachfolgende Bild verwendet werden.
Wo gibt es Wasser? In Regen, Tau, Schnee, Reif, Eis, Dunst, Dampf, Nebel und Wolken. In der Quelle, dem Bach, Fluss, Strom, Meer, in Teich und See, im Wasserfall, Brunnen und in der Wasserleitung.
– Und was ist, wenn es keinen Regen, keinen Tau... gibt?
– Wenn im Land keine Quelle... und kein Brunnen zu finden ist?
– Wenn morgens ein Lautsprecher auf der Straße bekannt gibt, dass das Wasser bis zum Abend abgestellt wird?

Wenn wir alles Wasser in Kanistern an einem Tankwagen auf der Straße kaufen und selbst holen müssen?
Spätestens da geht uns auf, wie kostbar Wasser ist!

Baustein 3 – Durst haben und ihn löschen

1. Die Kinder beschreiben was sie fühlen, wenn sie Durst haben.
2. Sie erzählen von der Erleichterung, wenn sie dann etwas zu trinken bekommen.

Das Thema kann im Gottesdienst von älteren Kindern in Pantomime dargestellt werden! Dazu liest ein Kind: Durst haben ist...Wasser finden ist...

Baustein 4 – Hunger und Durst

Um leben zu können, brauchen wir Essen und Trinken. Lebensmittel können wir kaufen. Doch vieles, das auch lebenswichtig ist, gibt es nicht für Geld. Darum beschreiben wir mit „Durst und Hunger" auch, dass wir uns sehnlichst etwas wünschen, obwohl wir genug zu essen und zu trinken haben. Welche Wünsche könnten das sein? Was ist lebenswichtig? Was brauchen wir und andere unbedingt zu einem guten, lebenswerten Leben?
Wir wünschen uns (Beispiele):
– einen Menschen, der für uns da ist, bei dem wir uns wohl fühlen,
– mit Mama zu kuscheln, mit Papa albern zu sein,
– einen, der uns zuhört, mit dem wir über alles reden, dem wir unsere Probleme anvertrauen können,
– einen, der merkt, wenn wir uns Mühe geben und uns auch lobt,
– dass uns einer akzeptiert wie wir sind,
– dass wir ausreden können.
– ...

Baustein 5 – Worte können vieles

❑ Worte können vieles: glücklich machen, verletzen, treffen, erschrecken, trösten, ermutigen, bewegen, aufrichten, fertig machen ...

Worte die gut tun, trösten, helfen, Mut machen, froh machen, sagen uns Menschen, denen wir wichtig sind. Solche Worte können wir auch sagen. Worte die gut tun und lebenswichtig sind, sagt Gott uns. (Daran kann sich Baustein 1 anschließen.)

❑ Es gibt aber auch Worte, die nicht gut tun. Die Kinder nennen Beispiele. Sie überlegen: Wie geht es mir,
   – wenn jemand sein Wort nicht hält?
   – wenn ein Kind mit Worten angibt?
   – wenn ich keine Antwort bekomme?

❑ Fürbitten zu den genannten Beispielen werden mit „Herr, erbarme dich" beantwortet.
   – Herr, erbarme dich aller, die ein Versprechen nicht halten.
   – Herr, erbarme dich aller, die es nötig haben, anzugeben.
   – Herr, erbarme dich aller, die es verletzt, keine Antwort zu hören.

❑ Aber auch: Wie geht es mir, wenn jemand sagt:
   – „Ich verstehe dich gut!"
   – „Ich hab dich lieb!"
   – „Ich verzeihe dir."
   …

Baustein 6 – Das Wort Gottes

❑ Im Gespräch oder als Text wird die Bedeutung des Wortes Gottes erarbeitet. Anschließend wählen die Kinder ein Wort aus der Bibel.
   – Gottes Wort ist kostbar wie Wasser in einem Land, in dem es selten regnet.
   – Es stillt den Hunger und den Durst nach einem guten, glücklichen Leben.
   – Es tröstet in der Not und macht Mut. Es gibt Halt und die Kraft, Leid durchzustehen. Es gibt Regeln für ein gutes Zusammenleben.
   – Es zeigt, dass Gott Geduld hat, Unrecht vergibt und es gut mit uns meint.
   – Die Quelle für Gottes Wort ist die Bibel.

❑ Mit Kindern wird ein Wort, ein Satz aus der Bibel gewählt, z. B.: „Gott sagt: Ich bin für euch da."

Baustein 7 – Gebet

Gott stellt sich dem Mose vor als der „Ich bin für euch da."
Der Text Jesajas zeigt, dass Gott für das Volk Israel da ist und zu ihm steht, egal was Israel tut. Gott hat das, was es zum Leben braucht.

Wir beten: *(Jeden Gebetruf spricht ein anderes Kind.)*
Gott, du bist für uns da,
– wenn es uns gut geht, aber auch wenn wir in Not sind.
– wenn wir vergnügt sind, aber auch wenn wir traurig sind.
– wenn wir etwas gut machen, aber auch wenn es uns nicht gelingt.
– wenn wir mutig sind, aber auch wenn wir Angst haben.
– wenn wir ein Problem lösen können, aber auch wenn wir nicht weiter wissen.
Gott, wir freuen uns, dass du für uns da bist. Danke.

Baustein 8 – Lied

Lied „Leben ist mehr als hetzen und jagen" von H.-R. Kunze singen oder Text im Rhythmus des Schlagers sprechen und klatschen.

Leben ist mehr, als Essen und Trinken,
Leben ist mehr, als Spaß mit viel Geld.
Leben ist mehr, als immer nur fragen,
was zum Genießen uns denn noch fehlt.
Leben ist lieben und es ist teilen,
und ganz auf Gottes Hilfe zu bau'n
und in der Not zum andern zu eilen
und Tag und Nacht auf Gott zu vertrau'n.
Leben ist mehr, na nanana na na
Leben ist mehr. Leben ist mehr.

Beate Brielmaier

Von Gottes Freude singen – Die Prophetin Mirjam

I. Erschließung der biblischen Botschaft

a) Erklärungen zum Bibeltext

Von der Prophetin Mirjam erfahren wir im Alten Testament. Über ihre Brüder Mose und Aaron erfahren wir viel, Mirjam selbst wird nur in wenigen Texten erwähnt.

Mirjam ist die einzige Frau, die Pentateuch als Prophetin bezeichnet. Das heißt, sie gilt als Frau, die auf die Stimme Gottes zu hören vermag. Was sie erfährt und glaubt, behält Mirjam nicht für sich. Sie ruft ihre Freude laut hinaus und kann andere begeistern.

Informationen aus den Schriftstellen, in denen von Mirjam zu lesen ist:

- Mirjam ist die Schwester des Aaron (Ex 15,20) und die Schwester des Mose (Ex 2). In 1 Chr 5,29 und Num 26,59 wird Mirjam jeweils als Schwester von Aaron und Mose auf die gleiche Ebene mit den Brüdern gestellt.
- Mirjam erlebt mit dem Volk Israel die Befreiung, den Auszug aus Ägypten. (Ex 15,20)
- Mirjam deutet die Rettung vor den Verfolgern, den Ägyptern, als Tat Gottes. (Ex 15,20)
- Im Konflikt mit Mose wird Mirjam mit Aussatz bestraft. Mose behält seine Sonderstellung. Das Volk zieht aber erst weiter, nachdem Mirjam wieder in die Gemeinschaft aufgenommen wird. (Num 12,1-16)
- Mirjam stirbt in der Wüste Kadesch, noch bevor sie in das gelobte Land gelangen und wird dort begraben. (Num 20,1)
- Mirjam wird in Ex 15,20 ausdrücklich Prophetin genannt.
- In Mi 6,4 wird Mirjam zusammen mit Mose und Aaron „Gesandte Gottes" genannt. Sie wurde von Gott mit ihren Brüdern gesandt, um das Volk aus der Sklaverei zu führen.

Zur rechten Zeit am rechten Platz

Mirjam ist eine Prophetin: Gott spricht durch sie, Gott hat sie gesandt und sie kann durch ihr Wort zwischen Gott und dem Volk vermitteln. Bereits von

Kindheit an kommt ihr eine besondere Rolle in der Geschichte des Volkes Israels zu:

Das Leben des Mose ist bedroht, weil er als Hebräerkind dem Tod geweiht ist. Ex 2 erzählt, dass ihn seine Mutter in einem Binsenkörbchen dem Fluss Nil überlässt. Mirjam, die ältere Schwester ist in seiner Nähe und verfolgt das Geschehen. Sie ist es, die der Tochter des Pharao die Amme anbietet. Sie sorgt dafür, dass Mose überlebt.

Mirjam lobt Gott für die Rettung

Die wichtigste Textstelle über das prophetische Handeln Mirjams ist die Erzählung vom Auszug aus Ägypten, dem Exodus. In Ex 15,20.21 findet sich das Lied der Mirjam.

Darin erfahren wir wichtige Informationen über die Bedeutung der Mirjam im Volk Israel:

- Sie ist **Prophetin,** das heißt, sie handelt im Auftrag Gottes und gibt den Menschen eine wichtige Botschaft weiter.
- Mirjam ergreift die **Initiative:** Unterwegs, lange bevor sie in das gelobte Land Kanaan kommen, erhebt sie ihre Stimme, um Gott zu singen, zu tanzen und zu danken.
- Mirjam stellt in ihrem Lied klar: Gott ist es, der das Volk Israel gerettet hat. Obwohl Menschen im Auftrag Gottes das Volk führen und (beg)leiten, ist es Gott, dem der Dank gehört. **Gott ist der Urgrund der Befreiung.** Das erkennt Mirjam und ruft es laut heraus.
- Bei genauer Übersetzung lässt sich festhalten: **Mirjam fordert alle auf,** das ganze Volk (nicht nur die Gruppe der Frauen!), in ihren Lobpreis auf die rettende Tat Gottes einzustimmen. Dieser Lobpreis ist eine **Antwort auf Gottes Tat.** Die erste, die antwortet, ist Mirjam, sie ist Vermittlerin und Vorbild. Das ganze Volk soll es ihr „nachmachen".
- Mirjams Loblied wird begleitet von **Tanz und dem Schlag der Pauke,** die genauer übersetzt Handtrommel heißt. Die Handtrommel und der Tanz sind Elemente, die eindeutig den Zusammenhang zum Prophetensein herstellen. Mirjam handelt prophetisch.
- Im Unterschied zum Lied des Mose, das vermutlich später eingefügt worden ist, preist Mirjam nicht den Tod der Verfolger. Es geht vielmehr um das Ende, den **Untergang des Kriegsgerätes.** Rosse und Wagen gehören zur „Rüstung" der damaligen Zeit. Das, was Vernichtung von Menschen ermöglicht, wird vernichtet. Rosse und Wagen sind Teil einer Herrschaft von

Menschen über Menschen. Mit ihrem Untergang bekommt das Volk Israel eine Chance zum Leben ohne Sklaverei.

b) Der Bibeltext im Kirchenjahr

Der Auszug Israels aus Ägypten wird vor allem in der Osternacht und der Osterzeit gelesen. Da der Text jährlich in der Osternacht (katholische Kirche) gelesen wird, kann dort durchaus einmal ein Schwerpunkt auf der Rolle der Mirjam als Prophetin gelegt werden. In einer Kinderkirche oder einem Kindergottesdienst vor oder nach Ostern bietet es sich an, Mirjam einmal in den Mittelpunkt zu stellen.

c) Lebenswelt der Kinder

Ansprechend für die Lebenswelt der Kinder ist die Geschichte der Kindheit von Mose und Mirjam (Ex 2). Mirjam ist die große Schwester, die das Schicksal des Mose im Binsenkörbchen beobachtet und seine Rettung unterstützt. Diese Geschichte erzählt von Verantwortung unter Geschwistern. Große Geschwister können Aufgaben übernehmen; Kinder sind in der Lage, Situationen durch ihren Einsatz zu verbessern. Mirjam traut sich und ermöglicht so Zukunft für ihren Bruder Mose.

Ferner ist das Lied der Mirjam über die Rettung Israels eine spannende Geschichte für Kinder. Sie ermuntert, genau hinzuschauen, wer für was verantwortlich ist. Sie ermutigt Menschen, Gott zu danken und zu singen. Kinder können sich freuen und lauthals Gott danken, mit allen Sinnen.

II. Bausteine für die Gestaltung

 Baustein 1 – Bibeltexte für Kinder zur Prophetin Mirjam

Die Schriftstelle über die Kindheit des Mose und der Mirjam (Ex 2) ist in der Neukirchner Kinderbibel in geeigneter Weise für Kinder nacherzählt.

Das Lied der Mirjam (Ex 15,20f)

Das Volk Israel war auf der Flucht aus Ägypten. Mose, sein Bruder Aaron und seine Schwester Mirjam waren beim Auszug aus Ägypten dabei. In großer Eile waren sie in der Nacht fortgezogen. Mose leitete das Volk. Von Gott bekam er seinen Auftrag dafür. Als die Israeliten fort waren, bereute der Pharao seinen Entschluss, sie ziehen zu lassen. Er schickte viele ägyptische Soldaten mit Streitwagen und Rossen hinter den Israeliten her. Als das Volk Israel das sah, bekam es große Angst und rief zu Gott um Hilfe. Sie kamen an das Schilfmeer. Mit Gottes Hilfe konnten sie auf einem trockenen Weg mitten durch das Meer ziehen. Die Ägypter folgten ihnen. Hinter den Israeliten aber schloss sich das Wasser. Die Israeliten waren gerettet, die ägyptische Armee war im Wasser untergegangen.

Als die Prophetin Mirjam, die Schwester des Aaron und des Mose sah, dass sie vor dem ägyptischen Heer gerettet waren, war sie voller Freude. Sie nahm die Handtrommel und schlug den Takt. Alle Frauen zogen hinter ihr her. Sie tanzten glücklich gemeinsam im Rhythmus, den Mirjam auf der Trommel schlug. Mirjam war so froh. Sie wusste: Gott hat uns gerettet. Auf die Rettung Gottes wollte sie antworten. So rief sie zum ganzen Volk Israel: Stimmt ein in mein Loblied:

Singt dem Herrn ein Lied, denn er ist hoch und erhaben. Rosse und Streitwagen warf er ins Meer. Wir sind gerettet. Gott sei Dank!

■■
■■ Baustein 2 – Mit der Trommel in der Hand...

Zu folgendem Text gibt es verschiedene Möglichkeiten der Umsetzung mit Kindern:

❏ Der Text wird als Sprechgesang im Takt gesprochen; die Strophen werden von einer „Vorsängergruppe" gesprochen, beim Refrain sprechen alle mit, dazu schlagen einige Kinder den Takt auf der Trommel.
❏ Die Kinder erfinden zum Refrain ergänzend eine Schrittfolge.
❏ Strophen und Refrain werden mit Orff-Instrumenten untermalt. Dazu liest ein Kind den Text. Als Vorbereitung werden die einzelnen Textpassagen besprochen und Klänge auf den Instrumenten dazu ausprobiert. Gemeinsam entsteht so eine „Partitur".
❏ Das Lied wird gemeinsam gelernt, es gibt eine Vorsängergruppe (in diesem Fall ist es eine Mädchengruppe rund um Mirjam), alle anderen singen beim Refrain mit.

Mit der Trommel in der Hand...

Text: Beate Brielmaier
Musik: Markus Grohmann 2005

langsam

1. Als Skla-ven in Ä - gypt-en, kein Aus-weg ist in Sicht. Du, uns-er Gott wir ruf-en, hörst du die Schrei-e nicht? Mit Mo-se als Be - gleit-er, hin - aus in dunk-le Nacht durch Wüs-ten und durch Mee-re, du Gott gibst auf uns Acht!

Refrain Mit der Trom-mel in der Hand sing-en wir vom neu-en Land! Gut-er Gott, wir dank-en dir aus Her-zens-grund. Stimmt in uns-er Lob-lied ein, nie-mand soll heut trau-rig sein: Tanzt voll Freu-de, singt mit uns aus vol-lem Mund!

2. Wir hatten Angst und Sorgen,
kein Wasser und kein Brot,
was bringt der nächste Morgen,
wir sind in großer Not.
Mit Mose als dein Helfer,
wer hätte es gedacht?
Der Fels uns Wasser spendet,
Du Gott gibst auf uns Acht!

3. Am Schilfmeer angekommen
der Weg zu Ende ist.
Doch Mose teilt das Wasser,
nach Gottes Rat und List.
Gerettet sind wir alle,
die Freiheit ist in Sicht,
die Sklaverei zu Ende,
du Gott vergisst uns nicht!

4. Zum Takt der Trommelschläge
lädt Mijam alle ein:
Singt mit von Gottes Rettung,
Gott lässt uns nie allein!
Mit Mose, Aaron, Mirjam,
das ganze Volk singt mit.
Ob Kinder, Männer, Frauen,
wir alle tanzen mit.

■ Baustein 3 – Schreibmeditation

Auf zwei Plakaten werden folgende Satzanfänge geschrieben. Die Kinder werden gebeten, ohne zu sprechen, die Sätze schriftlich auf den Plakaten zu ergänzen. Im anschließenden Gespräch gibt es Möglichkeit, einzelne Aussagen zu kommentieren. In einem zweiten Schritt kann die Geschichte des Volkes Israels auf dem Weg in die Freiheit erzählt werden.

❏ Plakat 1:
- Ich fühle mich unterdrückt, wenn...
- Ich habe Angst, wenn...
- Wenn ich keinen Ausweg sehe,...

❏ Plakat 2:
- Wenn ich richtig froh bin, dann...
- Wenn mir einer aus der Not hilft, dann...
- Frei sein heißt für mich....

■ Baustein 4 – Israels Weg mit Farben gestalten

Die Geschichte der Befreiung Israels wird vorgelesen oder erzählt. Die Kinder bekommen die Aufgabe, den Weg Israels von der Unterdrückung in die Freiheit mit Farben auszudrücken. Dazu gibt es z.B. folgende Möglichkeiten:

❏ Jedes Kind erhält ein Glasdia und Folienstifte, alternativ Glasmalfarben. Im dunklen Raum werden die entstandenen Wegbilder mit dem Diaprojektor sichtbar gemacht. Sie wirken beeindruckend!
❏ In kleinen Gruppen entstehen Plakate mit Wasserfarben oder Wachsstiften.
❏ Mit bunten Tüchern gestalten kleine Gruppen den Farbweg Israels.

■ Baustein 5 – Bildbetrachtung

Im gemeinsamen Gespräch wird das Bild der tanzenden Mirjam mit der Trommel in der Hand von Sieger Köder erarbeitet. Wenn möglich werden die unterschiedlichen Versionen des Bildes verglichen (Sieger Köder Kinderbibel, Hungertuch).

Frauen, die von Gott erzählen – Prophetinnen

I. Erschließung der biblischen Botschaft

a) Erklärungen zu den Bibeltexten

Welche biblischen Propheten fallen Ihnen ein? Und welche biblischen Prophetinnen?

Oft sind Mirjam, die Schwester Mose und Aarons, und Hanna, die weise alte Frau im Tempel bei der Beschneidung Jesu, die einzigen Prophetinnen, die im Religionsunterricht oder beim Kirchenbesuch begegnet sind. Dagegen sind Jesaja, Jeremia, Elija, Hosea nur exemplarische Beispiele für die Reihe an Propheten, die im Lauf eines Kirchenjahres und während der Schulzeit vermittelt werden.

Dabei gibt es sowohl im Alten als auch im Neuen Testament Prophetinnen, und zwar immer auch namentlich genannte. Es gibt sogar eine eigene hebräische Bezeichnung für die weibliche Prophetin: nebi'ah (männlicher Prophet: nabi).

Eine Prophetin ist eine Frau, die die Offenbarung Gottes vermittelt. Sie ist weder Hellseherin noch Wahrsagerin. Vielmehr betrachtet sie hellwach die gegenwärtige Situation und bringt sie in Verbindung mit den Verheißungen und Zusagen Gottes. Sie hinterfragt die gesellschaftlichen, politischen und religiösen Verhältnisse auch wenn sie dadurch unbequem ist und tritt als Hörerin auf das Wort Gottes für die göttliche Vision einer gerechten Welt ein.

Wahrnehmend, hörend, ansagend – so könnten wir die Aufgabe der Prophetin bezeichnen.

Prophetinnen treten an entscheidenden Wendepunkten in der Geschichte Israels auf. In der Bibel werden folgende Frauen ausdrücklich als Prophetinnen genannt:

1. **Mirjam** (Ex 15, 20 f.):
   (s. S. 44)
2. **Debora** (Ri 4 f.):
   Eine wichtige Frau zur Zeit der Landnahme ist die Richterin und Prophetin Debora. Ca. 1200 v. Chr. übt sie ihre Richteramt öffentlich aus und

berät die Menschen in alltäglichen wie auch politischen Angelegenheiten. Ihren Sitz hat sie im Gebirge Ephraim unter einer Palme, die sogar nach ihr benannt ist. Als es ums Überleben der israelitischen Stämme geht, ruft sie den Heerführer Barak aus dem Stamm Naftali zu sich unter die Palme und rät ihm, für die Freiheit der von kanaanäischen Stadtstaaten unterdrückten Stämme zu kämpfen. Mit ihrer realen Anwesenheit im Kampf und ihrer geistigen Präsenz unterstützt sie den Kampf ums Überleben der Unterdrückten und trägt dazu bei, dass der Sieg durch Frauen errungen wird.

Debora nimmt als Prophetin die politische Situation richtig wahr, deutet sie von Gottes Zusage her und setzt sich für das Weiterleben der Stämme Israels ein.

3. **Hulda** (2 Kön 22, 3-20 und 2 Chr 34, 20-28)

   Die Jerusalemer Prophetin Hulda spielt zur Zeit des Königs Joschija (641-609 v. Chr.) eine wichtige Rolle. Als überraschend im Tempel ein Buch mit brisantem Inhalt aufgefunden wird, wird nicht etwa der gleichzeitig wirkende Prophet Jeremia befragt, sondern die Prophetin Hulda um ein Gotteswort ersucht. König Joschija, als gottesfürchtiger König bekannt, traut offensichtlich nur ihr eine differenzierte Sicht der Dinge zu. Die Worte des Buches, das man ihr vorlegt, beurteilt sie als Gotteswort. Hulda spricht ein Orakel Gottes aus. Sie bestätigt die ganzen Unheilsankündigungen, stellt aber einen Aufschub des Unheils zu Joschijas Lebzeiten in Aussicht. Daraufhin beginnt Joschija, den Kult zu reformieren und das Volk zur Verehrung des einen Gottes JHWH zurückzuführen. Hulda nimmt die Situation aufmerksam wahr, ist sensibel für das Wort Gottes, leitet es weiter und initiiert mit ihren Worten einen Erneuerungsprozess im Glauben.

4. **Die Frau des Jesaja** (Jes 8, 3)

   Jesaja erhält den Auftrag, mit einer Prophetin ein Kind zu zeugen (Jes 8,1ff.), das der Gottesbotschaft durch seinen Namen Ausdruck verleihen soll. Wie so viele andere Frauen ist sie namenlos geblieben, wird aber als „Prophetin" bezeichnet.

5. **Noadja** (Neh 6, 14)

   Das Buch Nehemia erwähnt in Neh 6,14 die Prophetin Noadja, die ihm mit ihrer Weissagung Angst gemacht hat. Ihr Name enthält die Gottesbezeichnung „ja", was bei einer Frau äußerst selten ist.

6. **Hanna** (Lk 2,36) (vgl. auch Bd. 1 dieser Reihe S. 36-35)

   Hanna wird im Lukasevangelium ganz selbstverständlich als Prophetin vorgestellt. Ganz genau wird sie nach ihrer Herkunft, ihrem Alter und ihrer sozialen und religiösen Stellung im Volk Israel vorgestellt: hochbetagt, Tochter Penuels, aus dem Stamm Ascher, Witwe, lebt und verkündet die Hoffnung auf den Messias aus einer tiefen Gottverbundenheit heraus.

Als Maria und Josef Jesus in den Tempel bringen, nimmt sie das Kind als den verheißenen Messias wahr, preist Gott und spricht zu allen Menschen über den Messias.

7. **Töchter mit prophetischer Begabung** (Apg 2,17f)

Das Zitat aus Joel 3,1-5 *„Eure Söhne und eure Töchter werden Propheten sein..."* rechnet mit der prophetischen Begabung von Frauen. Die prophetische Rede gehört zur Grundausstattung der geistlichen Charismen und betrifft Männer wie Frauen gleichermaßen. Die Frage nach den Kriterien „richtiger" prophetischer Rede schließt sich der Verbreitung dieser Begabung an.

8. **Die Töchter des Philippus** (Apg 21,9)

Die vier Töchter des Philippus werden als prophetisch begabte Jungfrauen bezeichnet, die die Gabe der prophetischen Rede haben.

9. **Frauen, die weissagen** (1 Kor 11,5)

Auch Paulus geht davon aus, dass die Gabe der prophetischen Rede in den Gemeinden auf viele Frauen und Männer verteilt ist.

Die jüdische Tradition spricht von sieben Prophetinnen. Neben Mirjam, Debora und Hulda zählen nach dem Talmud auch Sara, Esther, Abigail und Hanna dazu.

Die Kirchenväter beziehen Maria, die Mutter Jesu und Elisabet in den Kreis der Prophetinnen mit ein.

b) Das Thema Prophetinnen im Kirchenjahr / in der Schule

Das Thema Prophetinnen kann gut in der Zeit um Pfingsten aufgegriffen werden, wenn sich über das Fest des Heiligen Geistes die Frage nach den Begabungen durch den Heiligen Geist stellt. Einzelne Prophetinnen können thematisiert werden, wenn es darum geht, wie Menschen im Namen Gottes das Wort ergreifen und handeln.

In der Schule braucht man sich beim Thema Propheten nicht auf die Männer beschränken, sondern kann das Bild durch eindrucksvolle Prophetinnen ergänzen.

c) Prophetinnen in der Lebenswelt der Kinder

Kinder erfahren leider schon sehr früh: Meist sind es Männer (Politiker, Pfarrer, Schulleiter), die in einer mächtigen Position etwas zu sagen haben. Sie erleben aber auch, dass sie in vielen Dingen Frauen (Mütter, Lehrerinnen, auch Frauen in der Glaubensvermittlung...) um Rat fragen und „weise" Antworten bekommen, die sie weiterbringen. Ich halte es für wichtig, diese Erfahrung aufzugreifen und den Kindern biblische Vorbilder für starke, weise, prophetische und mächtige Frauen zu vermitteln.

Die Kinder sollen sich die Fülle weiblicher Kompetenzen bewusst machen. Frauen werden sichtbar als Menschen, die etwas zu sagen haben und Gottes Wort an die Menschen vermitteln.

Anhand der Prophetin Hulda erfahren die Kinder, wie wichtig die Weissagung, das Hören auf Gottes Wort und das Aussprechen ist, um Menschen zur Umkehr zu bewegen und ihnen eine Zukunft zu ermöglichen.

II. Bausteine für die Gestaltung

Baustein 1 – Prophetinnen laden zum Fest

Bei einem fröhlichen Fest lernen die Kinder prophetische Frauen der Bibel kennen und feiern die Beteiligung von Frauen am Reich Gottes.

Das Fest kann im Rahmen eines Kinderbibeltages, der Kindergottesdienstgemeinde, des Religionsunterrichtes, in einer Kindergruppe oder an einem Kinderbibelwochenende gefeiert werden.

❏ Eine schön gestaltete Einladung lädt im Vorfeld zu diesem Fest ein. Wo es möglich ist (feste Gruppen wie SchülerInnen oder auch die Kindergottesdienstmitfeiernden....), können die Kinder ihren Taufspruch (wer hat) oder einen Satz aus der Bibel, der ihnen wichtig ist, mitbringen.

❏ Der Raum ist festlich geschmückt (evtl. haben die Kinder im Vorfeld gebastelt oder anderweitig mit vorbereitet), Augen, Ohren und Münder können aus Tonpapier ausgeschnitten das Bild des Raumes bestimmen.

❏ Zu jeder Prophetinnengestalt gibt es eine Prophetinnenkarte (ein Plakat oder kopierte Blätter für die Kinder), auf der ein Auge, ein Ohr und ein Mund zu sehen ist und Platz, um etwas dazuzuschreiben.

❏ Bei einem großen Fest werden die Prophetinnen von erwachsenen Frauen oder von älteren Jugendlichen gespielt. Im kleinen Rahmen liegen die Attribute der Frauen bereit und die Leiterin erzählt jeweils die Geschichte zu jeder Gestalt (Informationen s.o.).
Auf die Melodie von „Unser Leben sei ein Fest" (Melodie: Peter Janssens) wird als roter Faden durch das Fest folgender Text gesungen:

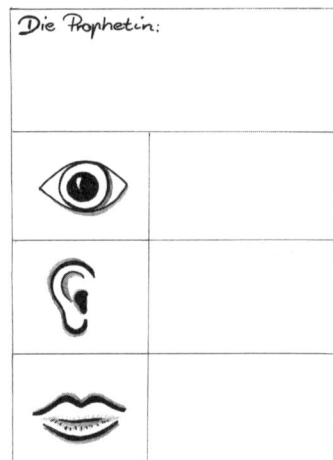

Unser Leben sei ein Fest,
Gottes Wort in unseren Ohren,
Gottes Geist in unseren Herzen,
Gottes Spruch auf unseren Lippen.
Unser Leben sei ein Fest –
Gott wirkt durch Menschen jeden Tag. (Text: Susanne Herzog)

❏ In einer Einführung wird daran erinnert, dass heute die Prophetinnen zum Fest eingeladen haben. Um sich bekannt zu machen, stellen sich die Prophetinnen der Reihe nach vor. Zu jeder Gestalt gibt es ein Symbol und eine Aktion. Möglich ist auch, die Aktionen in Untergruppen durchzuführen.

Mirjam
❏ Stellt sich vor, erzählt vom Durchzug durchs rote Meer und von der Befreiungstat Gottes, vom Fest und vom Tanz mit den vielen Frauen.
Symbol: Trommel

❏ Aktion: Mirjam lädt Kinder zum Tanz ein.
Tanz zum Lied „Hallelu, hallelu" (Text und Melodie: G. Kuntz):

Hallelu,	Hüpfschritt nach vorne
Hallelu,	Hüpfschritt nach hinten
Hallelu,	Hüpfschritt nach rechts

Halleluja,	Hüpfschritt nach links.
Preiset den Herrn.	Mit 5 Schritten eine Umdrehung um sich selbst und dazu klatschen.
Preiset den Herrn,	5 Schritte auf der Kreislinie in Tanzrichtung
Halleluja.	Stehen und klatschen im Takt von „Halleluja"
Preiset den Herrn,	5 Schritte auf der Kreislinie in Tanzrichtung
Halleluja.	Stehen und klatschen im Takt von „Halleluja"
Preiset den Herrn,	5 Schritte auf der Kreislinie in Tanzrichtung
Halleluja,	Stehen und klatschen im Takt von „Halleluja"
Preiset den Herrn.	Mit 5 Schritten eine Umdrehung um sich selbst und dazu klatschen.

❏ Gemeinsam wird Mirjams Prophetinnenkarte ausgefüllt.
Mirjam sieht, dass das Volk Israel befreit ist.
Sie hört und weiß, dass es Gottes Tat ist.
Sie erzählt in ihrem Lied allen Menschen von Gottes Wirken.

Debora

❏ Stellt sich vor, erzählt von ihrer Aufgabe als Richterin und Prophetin und davon, wie sie dafür gesorgt hat, dass die israelitischen Stämme weiter existiert haben.
Symbol: Palme der Gerechtigkeit (ein großer Zweig)

❏ Aktion: Debora lädt unter der Palme dazu ein, Konflikte zu lösen.
Die Kinder überlegen sich Konfliktsituationen aus ihrem Alltag und gehen damit zu Debora unter die Palme. Debora hilft ihnen als Gottes „Mediatorin" diesen Konflikt zu lösen.

❏ Gemeinsam wird Deboras Prophetinnenkarte ausgefüllt:
Debora sieht eine ungerechte Situation.
Sie hört darauf, was Gott dazu zu sagen hat.
Sie spricht Recht nach dem Willen Gottes.

Hulda

❏ Stellt sich vor, als Prophetin und Ratgeberin des Königs. Erzählt von der Bedeutung der aufgefundenen Schriftrolle, die sie als Gottes Wort erkennt. Und sie erzählt

davon, wie sie ihr Herz für das Wort Gottes öffnet und die Menschen wieder zu Gott zurückführt.

Symbole: Schriftrolle und Herz

❏ Aktion: Herzen ausschneiden und beschriften mit einem wichtigen Satz aus der Bibel, z.B. die Taufsprüche der Kinder, oder Sätze, die im Kindergottesdienst oder im Unterricht besprochen wurden, oder z.B. folgende Schriftstellen:
  – Gott ist mein Licht und mein Heil; vor wem sollte ich mich fürchten? (Ps 27,1)
  – Dein Wort ist meines Fußes Leuchte und ein Licht auf meinem Weg. (Ps 119)
  – Gott ist die Liebe und wer in der Liebe bleibt, der bleibt in Gott und Gott in ihm. (1 Joh 4,16)
  – Jesus sagt: Ich bin der Weg, die Wahrheit und das Leben. (Joh 14,6)
  – Der Herr ist mein Hirte, mir wird nichts fehlen. (Ps 23)
  – Gott sagt: ich will dich segnen und du sollst ein Segen sein. (Gen 12,2)
  – Fürchte dich nicht, denn ich habe dich erlöst. Ich habe dich bei deinem Namen gerufen: du bist mein. (Jes 43,1)
  – Selig sind die Frieden stiften, denn sie werden Kinder Gottes heißen. (Mt 5,9)
  – Ich seid das Licht der Welt. (Mt 5,14)

❏ Gemeinsam wird Huldas Prophetinnenkarte ausgefüllt:
  – Hulda wird um Rat gefragt. Sie erkennt, dass die Menschen vom Glauben abgefallen sind und Gott ihnen eine wichtige Botschaft zu sagen hat.
  – Sie öffnet ihr Herz für das Wort Gottes und spricht in Gottes Namen: es gibt nur einen Gott.
  – Sie fordert die Menschen auf, ihr Leben zu verändern und wieder an Gott zu glauben.

Hanna

❏ Stellt sich vor, erzählt, wie sie im Tempel gebetet, gewartet, gehofft hat und Jesus als den verheißenen Messias mit dem Herzen erkennt.
Symbol: Siebenarmiger Leuchter

❏ Aktion: Kerzen basteln bzw. verzieren

❏ Gemeinsam wird Hannas Prophetinnenkarte ausgefüllt.
Hanna sieht das Kind Jesus.
Sie spürt in ihrem Herzen, dass dieses Kind der verheißene Messias ist.
Sie erzählt allen Menschen von dem Messias.

Eure Söhne und Töchter werden Prophetinnen sein
❏ Die Leiterin liest die Verheißung aus der Apostelgeschichte vor (Apg 2,17).
❏ Sie entwickelt mit den Kindern eine allgemeine Prophetinnenkarte:
Eine Prophetin oder ein Prophet sieht und erkennt, was geschieht.
Sie hören auf Gottes Wort und deuten, was geschieht, von Gott her.
Sie erzählen allen Menschen, was Gott dazu zu sagen hat.

Baustein 2 – Lied zum Stillwerden und Hören

❏ Die Kinder sitzen im Kreis und lernen den kurzen Liedruf. Immer in der
Pause der Fermate wird ein Ton angeschlagen oder ein Schriftwort gesagt.
In aller Ruhe wird dann weiter gesungen.
Folgende Gebärden unterstreichen das Lied:

Still, still	Finger auf den Mund	
Höre	Hand hinter dem Ohr	
Was ins Schweigen fällt	Hände als Schale formen	
Gottes Wort wirkt in der Welt	Arme weit öffnen	

Evtl. können die Töne von einem „verborgenen" Ort her kommen (also hinter einer Decke o.ä.), um die Aufmerksamkeit ganz aufs Hören zu lenken.

Zunächst wird eine Klangschale angeschlagen, dann eine Triangel, ein Glockenspiel, eine Trommel, Steine aneinander geschlagen.....

Dann wird jeweils zu einem Ton (Klangschale, Glockenspiel, Triangel...) ein Vers gesagt:

– Du bist Gottes geliebter Sohn, du bist Gottes geliebte Tochter. (nach Mt 2,17)
– Und Gott sagt: alles ist gut. (nach Gen 1,31)
– Ihr seid das Licht der Welt (Mt 5,14)
– Werdet wie die Kinder (Mt 18,3)
– Wo zwei oder drei in meinem Namen versammelt sind, da bin ich mitten unter ihnen. (Mt 18,20)
– Gott segnet und behütet dich (Num 6,24).
– Ich bin euer Gott und ihr seid meine Kinder (Ex 20,1 ff).
– u.a.

Baustein 3 – Rollenspiel

In einem Rollenspiel wird das Geschehen um die Prophetin Hulda, wie es in 2 Kön 22,3-20 und 2 Chr 34,20-28 überliefert ist, vermittelt.

Rollen: Erzähler/in, König Joschija, Hulda, Stadtschreiber Schafan, Priester Hilkija, 2 Arbeiter, 4 Abgesandte, 3-4 Menschen aus dem Volk.

Requisiten: Schriftrolle, Schild: JHWH ist unser Gott, Königsthron, Sammelkorb, Werkzeuge, Obergewand mit Druckknöpfen zum Teilen.

ErzählerIn: König Joschija, ein angesehener Mann regiert in Israel. *(Joschija sitzt auf seinem Thron).* Er folgt den Weisungen seines Gottes und nimmt seine Aufgabe gerecht wahr. Das Volk Israel hat immer mehr den Glauben an den einen Gott aufgegeben. Sie verehren im Tempel viele Götter *(Menschen wenden sich vom Schild „JHWH" ab und verneigen sich abgewandt vom einen Gott vor anderen Göttern).*
König Joschija sieht, dass der Tempel in Jerusalem Risse hat und will ihn renovieren.

Joschija:	(zum Stadtschreiber Schafan): Der Tempel ist baufällig. Geh zum Priester Hilkija. Er soll Spenden sammeln beim Volk und den Tempel damit renovieren lassen. Der Tempel soll wieder unser schönstes Gebäude werden. *Stadtschreiber geht zu Hilkija, der schickt Abgesandte zum Volk und sammelt Geld. Arbeiter beginnen mit Schaufel und Werkzeug zu bauen. Plötzlich findet einer eine Rolle. Schnell übergibt er sie Hilkija. Der schaut sie an und gibt sie Schafan. Nachdem dieser einen Blick darauf geworfen hat, bringt er sie rasch zu Joschija.*
Schafan:	König Joschija, sieh was bei den Bauarbeiten im Tempel gefunden wurde. Es sieht aus, wie ein wichtiges Dokument. *Er übergibt die Rolle Joschija. Joschija nimmt die Rolle und beäugt sie von allen Seiten:*
Joschija:	Das sieht ja aus wie eine Torarolle... da ist ja etwas draufgeschrieben. *(Und er beginnt zu lesen):* Das sind die Gesetze und Rechtsvorschriften, auf die ihr achten sollt und die ihr halten sollt in einem Land, das der Herr, der Gott deiner Väter, dir gegeben hat. Sie sollen so lange gelten, wie ihr in dem Land leben werdet. *(Er zieht die Schriftrolle auseinander und murmelt Worte vor sich hin. Am Ende wirft er die Schriftrolle hin, zerreißt sein Obergewand und schreit zornig auf):* Hier steht es schwarz auf weiß: Ich bin JHWH, dein Gott, der dich aus Ägypten geführt hat. Du sollst neben mir keine anderen Götter haben. Und über alle, die sich nicht daran halten, wird großes Unheil kommen. Wir sind verloren! Geht und befragt die Prophetin Hulda nach dem, was dieses Wort Gottes für mich und das ganze Volk bedeuten soll. *(Er ruft seine höchsten Beamten zu sich, und schickt sie mit Schafan und dem Priester Hilkija zur Prophetin Hulda). Auf dem Weg unterhalten sich die Boten untereinander:*
Bote 1:	Er schickt uns zu Hulda, der Frau Schallums? Dass er uns nicht zu Jeremia schickt, der doch auch Prophet ist in Jerusalem?
Bote 2:	Er hat recht, die Prophetin Hulda weiß da sicher besser Bescheid. Die findet immer göttliche Worte. *Sie kommen zu Hulda, die auf einem Hocker sitzt und verneigen sich.*
Hilkija:	Prophetin Hulda, sprich zu uns mit den Worten Gottes. König Joschija schickt uns mit der Frage, was diese Rolle bedeutet, die Arbeiter bei den Bauarbeiten im Tempel gefunden haben.

	Er übergibt die Rolle Hulda. Hulda nimmt die Rolle:
Hulda:	Diese Rolle ist ein wichtiges Zeugnis der Tora, die Gott seinem Volk gegeben hat. So spricht der Herr, der Gott Israels: Ich bringe alles Unheil über das Volk, das König Joschija in dieser Schrift gelesen hat. Denn das Volk hat mich verlassen und andere Götter angebetet. Sie haben den Bund mit mir gebrochen. Aber mit König Joschija habe ich Erbarmen. Er ist ein guter, gottesfürchtiger König und hat sich immer an alle Gebote gehalten. Er hat meine Worte gelesen und sein Herz hat sich erweicht. Er hat Buße getan und sich bemüht, mein Volk zu retten. Ich habe Erbarmen mit ihm: er wird in Frieden sterben und nicht mehr sehen, wie ich Unheil über das ganze Volk bringe. Es ist für die Menschen höchste Zeit umzukehren und an den einen Gott zu glauben und allein ihn zu verehren. Renoviert nicht nur den Tempel, renoviert eure Herzen.
	Und sie gibt den Abgesandten die Rolle zurück. Diese kehren zu König Joschija zurück und berichten ihm, was die Prophetin gesagt hat.
ErzählerIn:	Und es geschah, wie Hulda gesagt hatte. Die Rolle war eine Abschrift der ältesten Gesetze und Vorschriften für den Bund Gottes mit den Menschen. König Joschija begann mit der Beseitigung der Missstände und mit umfassenden Reformen. Die Menschen erneuerten ihr Herz und ihren Glauben mit der Erinnerung an die Gesetze, die Gott ihnen zum Leben gegeben hatte.

Baustein 1 kann sich hier anschließen.

Baustein 4 – Liedvorschläge:

❏ Gottes Wort ist wie Licht in der Nacht
❏ Schweige und höre
❏ Propheten sind wir alle, auch Du und ich (aus dem Musical Elisabeth von Thüringen von Peter Janssens und H. Schulze-Berndt)

Lied für alle

Text: Hermann Schulze-Berndt
Musik: Peter Janssens

Pro - phe - ten sind wir al - le auch

du und ich. Pro - du und ich. Wenn

1. wir mit wa-chen Sin - nen durch die Stra - ßen gehn. Wenn

wir mit vie - len Hän - den am sel - ben Strick ziehn.

2. wir mit lau-ten Stim - men al - le Sat - ten störn. Wenn
3. wir mit flin-ken Fin - gern an der Ar - mut drehn. Wenn

wir mit off - nen Oh - ren Got - tes Wor - te hörn.
wir mit an - dren Au - gen Got - tes Schö-pfung sehn.

Wofür halten die Menschen mich?

Jesus und die prophetische Tradition der Bibel

I. Erschließung der biblischen Botschaft

Als Jesus seinen Jüngern die Frage stellt, „Wofür halten die Menschen mich?", da antworten sie ihm: „Einige für Johannes den Täufer, andere für Elija, wieder andere für sonst einen von den Propheten." (aus Mk 8,27-30)

An anderer Stelle wird gesagt, dass das ganze Volk Jesus einen Propheten nennt (Mt 21,11; Joh 6,14 u.a.). „Er war ein Prophet, mächtig in Wort und Tat vor Gott und dem ganzen Volk" sagen die Emmausjünger. Die Auferweckung des Jünglings von Nain durch Jesus wird vom Volk so gedeutet: „Es ist ein großer Prophet unter uns aufgestanden. Gott hat sich seines Volkes angenommen."

Die Menschen sehen in Jesus einen prophetischen Menschen, in dem Gottes Erbarmen und Liebe zu seinem Volk aufscheint. Einige bringen Jesu Auftreten und seine Botschaft sehr eng mit Johannes dem Täufer in Verbindung. Andere sehen in Jesus den wiedergekommenen Elija, der den „Tag des Herrn" und nach rabbinischer Tradition das Kommen des Messias vorbereiten soll (Mal 3,23f.). Oder sie sehen in ihm „sonst einen der Propheten".

Im Judentum wie im Islam gilt Jesus bis heute als großer Prophet.

Was ist das - ein prophetischer Mensch?

Die Propheten sind weniger Zukunftsvorhersager. Sie sind vielmehr geschichtsbewusste und mit Gott verbundene Menschen. Sie betrachten aus den Erfahrungen der Vergangenheit sehr aufmerksam die Gegenwart und deuten die Zeichen der Zeit im Licht Gottes. Oft erkennen sie, welche Konsequenzen aktuelle Geschehnisse für die Zukunft haben werden – und je nachdem verkünden sie eher eine kritische oder tröstende Botschaft. Die Kraft für ihr Reden und Tun kommt nicht aus ihnen selbst, sondern von Gott. Deshalb sagt Jesus auch: „Gottes Geist ruht auf mir, Gott hat mich gesalbt."

Gerechtigkeit und Freiheit

Das Volk Israel hat immer wieder in der Geschichte am eigenen Leib Gottes befreiendes Handeln erfahren. Eine der wichtigsten Erfahrungen war der Exodus, der Auszug aus Ägypten. Viele biblische Propheten haben die Erinnerung an den befreienden Gott wach gehalten. Manche von ihnen haben sogar in anderen Unrechts- und Unterdrückungssituationen einen neuen Exodus angekündigt. Immer wieder verkünden die Propheten Gott als den Befreier und erinnern an Gottes Liebe zu seinem Volk.

Mit den eigenen Befreiungserfahrungen des Volkes war die Erkenntnis verbunden: unserem Gott ist es nicht egal, wie wir Menschen miteinander umgehen. Gott steht ganz besonders auf der Seite der Armen und Schwachen. Darum richten die Propheten ihre Kritik ausdrücklich gegen die Mächtigen und Reichen, wenn deren Verhalten zu Ausbeutung führt. Viele Herrscher haben darum auch versucht, die Propheten zum Schweigen zu bringen.

Propheten und Prophetinnen im Neuen Testament

Jesu Verkündigung ist fest in dieser Tradition der biblischen Prophetie verankert. So fasst Jesus in seiner Antrittspredigt in Nazaret sein ganzes zukünftiges Tun mit den Worten des Propheten Jesaja zusammen: „Der Geist des Herrn ruht auf mir; denn der Herr hat mich gesalbt. Er hat mich gesandt, damit ich den Armen eine gute Nachricht bringe; damit ich den Gefangenen die Entlassung verkünde und den Blinden das Augenlicht; damit ich die Zerschlagenen in Freiheit setze und ein Gnadenjahr des Herrn ausrufe." (Lk 4,18f. vgl. Jes 61,1; 58,6)

Jesu Taten erinnern an die großen Propheten Elija und Elischa, an deren Totenerweckungen, Heilungen und Speisungen (1 Kön 17 ff; 2 Kön 4,42-44). Eine prophetische Zeichenhandlung kostete Jesus wahrscheinlich den Kopf: die Tempelreinigung (Mt 21,12-17, vgl. V.11!). Die Propheten des Alten wie des Neuen Testaments sagen nicht nur ihre Botschaft vom lebendigen und befreienden Gott, sondern sie leben sie – für alle offensichtlich und manchmal anstößig in ihrem Handeln.

Doch nicht nur Jesus, auch Menschen, die in der Kindheitsgeschichte des Lukasevangeliums besonders hervortreten wie Zacharias, Maria, Elisabet, Hanna und Simeon und Johannes der Täufer, werden im Neuen Testament als prophetische Gestalten gezeichnet. Sie alle stammen aus dem armen und erniedrigten Volk. In ihren prophetischen Liedern und Texten, dem Magnificat

(Lk 1,46-56), Benedictus (Lk 1,68-79) oder Nunc dimittis (Lk 2,29-32) sprechen sie von Gottes Treue und vom Ende der Unrechtsverhältnisse.

Wofür haltet ihr mich?

Viele haben in Jesus einen prophetischen Menschen gesehen. Sie haben erkannt: er tritt in die Fußspuren der anderen Propheten vor ihm.

Und doch ist Jesus für seine NachfolgerInnen mit diesem Titel nicht ausreichend beschrieben. Gehen wir zurück an die Stelle aus dem Markusevangelium am Anfang dieses Beitrags, zu Mk 8,27-30. Nach der Auskunft, dass viele Menschen Jesus für einen der Propheten halten, fragt Jesus seine Jünger: „Und ihr, wofür haltet ihr mich?" Simon Petrus antwortet: „Du bist der Messias!" In Jesu Tun und Handeln wird die von den Propheten angekündigte Königsherrschaft Gottes Wirklichkeit: „Selig **seid** ihr Armen, ihr Verfolgten, denn euch **gehört** die Königsherrschaft Gottes" (Mt 5,3.10f.), spricht Jesus in der Bergpredigt zu den Volksscharen. Jesus richtet die Hoffnungslosen auf, er bringt Menschen Licht, wie es der Prophet Jesaja für die kommende Heilszeit angesagt hat. In Jesu Wirken und Handeln geschieht Heilung, Befreiung, Wiederherstellung der Menschen und der Schöpfung. Die Situation der Menschen verändert sich, wenn sie Jesus begegnen. Jesus ist mehr als ein Prophet. Er ist der Messias, der König. Darum sagt die Stimme Gottes auch bei der Taufe Jesu durch Johannes den Täufer: „Das ist mein geliebter Sohn". (Mk 1,11)

b) Das Thema im Kirchenjahr

Besonders an den vier Adventssonntagen ist die Verankerung des Evangeliums in der prophetischen Botschaft deutlich fassbar. Auch Johannes der Täufer kommt in einigen Evangelientexten vor (vgl. die Vorschläge zu den prophetischen Jesajatexten in Band 1 und Band 5, sowie die Beiträge zu Johannes dem Täufer in diesem Band, in Band 5 und Band 7).

Jesaja 61,1-2 ist die alttestamentliche Lesung am 3. Adventssonntag, ihr ist die Antrittspredigt Jesu in Nazaret Lk 4,16-21 nicht zugeordnet, sondern Joh 1,6-8.19-28. Im Rahmen einer Kinderkirche oder eines Schülergottesdienstes u.a. können die beiden Stellen Jes 61,1-2 und Lk 4,16-21 gelesen werden.

c) Der Bibeltext in der Lebenswelt der Kinder

Kinder können die prophetische Ankündigung des Jesaja und die Übertragung auf Jesus unmittelbar verstehen. Sie sehnen sich nach einer Welt, in der es keine Armen und Kranken, keine Gefangenen und Traurigen und keine Ungerechtigkeiten mehr gibt.

II. Bausteine für die Gestaltung

Baustein 1 – der Bibeltext für Kinder

Jesus kam nach Nazaret und ging dort in die Synagoge. Frauen und Männer, Jungen und Mädchen hatten sich in der Synagoge zum Gottesdienst versammelt – es war Sabbat. Jesus stand auf, denn er war an der Reihe, aus den heiligen Schriften vorzulesen. Er ging nach vorne, nahm die Schriftrolle mit dem Buch des Propheten Jesaja und rollte sie auf, bis er die Stelle fand, die gelesen und ausgelegt werden sollte. Jesus las vor: „Die Geistkraft Gottes ist auf mir, denn Gott hat mich gesalbt. Ich bin gesandt, den Armen die frohe Botschaft zu verkündigen, den Gefangenen Freiheit anzusagen, den Blinden, dass sie wieder sehen werden, die Unterdrückten in die Freiheit zu entlassen." Dann gab er die Rolle zurück, ging an seinen Platz und setzte sich wieder. Alle in der Synagoge schauten ihn an. Da begann er ihnen die Schrift zu erklären: „Heute hat sich das Wort des Propheten Jesaja, das ihr gehört habt, erfüllt." Die Menschen freuten sich und staunten.

Baustein 2 – Szenisches Spiel

❑ Die Kinder suchen zum Jesajazitat passende Jesusgeschichten aus ihrer (Kinder-)Bibel: die Heilung des blinden Bartimäus, die Seligpreisungen, die Brotvermehrung, die Zachäusgeschichte (hier bekommen die Armen viel Geld von Zachäus zurück!).
❑ Sie spielen jeweils in Kleingruppen eine Szene.
Nach jedem szenischen Spiel sucht die gesamte Gruppe (Zuschauer und Spieler) einen Satz über Jesus: „Jesus, du bist..."; „Jesus, du machst ..."
Der Leiter/die Leiterin schreibt die Sätze mit.
❑ Im Anschluss an alle Szenen wird der Bibeltext aus Baustein 1 gelesen. Danach liest L die Sätze der Kinder, die er/sie mitgeschrieben hatte: „Und das habt ihr über Jesus herausgefunden: ..."

Baustein 3 – Identifikationsübung 1

L erzählt: „Zur Zeit Jesu gab es viele Arme. Die Menschen arbeiteten hart, aber sie mussten so viele Steuern bezahlen, dass ihnen fast kein Geld zum Leben mehr übrig blieb. Die Kinder mussten mitarbeiten oder auf der Straße um Geld betteln. Viele Menschen waren krank und konnten nicht arbeiten. Auch sie mussten sich mit Betteln über Wasser halten. Menschen, die auf die schlechte Politik des Herodes oder der Römer schimpften, wurden ins Gefängnis gebracht oder getötet. Darum traute sich bald keiner mehr, etwas gegen die Mächtigen zu sagen."

Wir versuchen einmal, diese Szenen nachzuspielen:
– Menschen, die arm sind und Hunger haben und betteln müssen
– Menschen, die krank sind, z.B. blind
– Menschen, die Angst haben, offen ihre Meinung zu sagen
– Menschen, die im Gefängnis sitzen, weil sie ihre Meinung gesagt haben, die den Herrschenden nicht gepasst hat."

Zum Verkleiden liegen dunkle Tücher aus (Brauntöne, Schwarz).

Die Kinder spielen in verschiedenen Ecken des Raumes diese Lebenssituationen erst für sich, dann vor den anderen nach. So entstehen verschiedene Stationen.

L fragt jede Gruppe: Was sagen diese Menschen? Was wünschen sich diese Menschen?

„In diese Situation kommt Jesus." *(Ein Kind trägt die Jesuskerze. Die Jesuskerze wandert zu jeder Station. Wenn die Jesuskerze kommt stehen alle auf, reichen sich die Hände und bilden einen großen Kreis. Zum Schluss tritt die Jesuskerze in die Mitte).*

L fragt die Kinder: „Was ist passiert?" „Was hat sich verändert?"

Am Schluss wird der Text aus Baustein 1 gelesen.

Baustein 4 – Umsetzung ins Bild

In der Weiterführung von Baustein 3 drücken die Kinder das Erfahrene mit Fingerfarben, Wachskreiden, die sich verwischen lassen oder Erdfarben (im trockenen Zustand sind sie auch als Fingerfarben benutzbar) in einem Bild aus.

Dabei kann die Stimmung nur in Farben ausgedrückt werden – oder es entstehen sogar zwei Stimmungsbilder: bevor und nachdem Jesus kam.

■■
■. Baustein 5 – Identifikationsübung 2

Zu dumpfen Trommelschlägen bewegen sich die Kinder im Raum. Sie gehen mit schleppenden Schritten, die Schultern hängen herab, der Kopf ist gesenkt, der Blick richtet sich auf den Boden. Sie fühlen sich schwer und traurig.
Bei einem letzten festen Trommelschlag erstarren alle wie auf einer Fotoaufnahme.
Die Jesuskerze kommt zu jedem Kind. Wenn das Kind in die Kerze geschaut hat, darf es sich langsam wieder bewegen, alle Glieder locker bewegen und sich gut hinstellen.
Der Text aus Baustein 1 wird vorgelesen.
Dann kommen fröhliche Trommelschläge, alle hüpfen dazu durch den Raum.

■■
■. Baustein 6 – Gesprächsimpuls: Wenn Jesus heute käme…

„Wenn Jesus heute käme, welche Menschen träfe er an? Welche Ungerechtigkeiten, welche traurigen Lebenssituationen?
Wie können wir als Freunde Jesu dazu beitragen, dass die Menschen wieder froh werden?"

■■
■. Baustein 7 - Liedvorschläge

- Ja, Gott hat alle Kinder lieb
- Lass uns in Deinem Namen, Herr, die nötigen Schritte tun
- Weißt Du, wo der Himmel ist
- Selig seid ihr

Bote und Wegbegleiter – Johannes der Täufer
Markus 1,2-8

I. Erschließung der biblischen Botschaft

a) Erklärungen zum Bibeltext

„Anfang des Evangeliums von Jesus Christus..." (Vers 1)

Besonders Johannes der Täufer wird im NT als Prophet gezeichnet. Er wendet sich mit seiner Buß- und Gerichtspredigt an das ganze Volk Israel. Und er kritisiert, ganz wie die alttestamentlichen Propheten, auch das Herrscherhaus. Dies kostet Johannes schließlich den Kopf.

Jesus hat sich von der Predigt des Johannes ansprechen und sich von ihm taufen lassen. Doch seine Verkündigung sagt im Unterschied zu Johannes nicht das Gericht an, sondern eine „frohe Botschaft" (= euangelion vgl. Mk 1,1): Das Reich Gottes ist da (Mk 1,15). Gott ist da, wie er sich immer schon in der Geschichte des Volkes als der daseiende Gott erwiesen hat.

Die Menschen, die Jesus und Johannes erlebt haben, haben aber sicherlich in beiden Personen erfahren: Hier spricht und handelt jemand nicht aus sich heraus, sondern weil er ganz von Gott erfüllt und in Anspruch genommen ist.

Es begann wie es bei dem Propheten Jesaja steht: Ich sende meinen Boten vor dir her..." (Verse 2-3)

Mk 1,2-8 erinnert daran, dass die Geschichte Gottes mit den Menschen schon auf frühere Erfahrungen zurückgreifen kann. Wie in einem Zeitraffer verdichtet Markus verschiedene Worte aus der Bibel Israels zu einer eindringlichen Szenenfolge. Erinnerungen steigen auf

● beim Wort „Wüste" an den Auszug aus Ägypten
● beim Wort „Bote" an verschiedene alttestamentliche Prophetentexte.

Mal 3,1 spricht vom Boten, der den Weg bahnt für den kommenden Tag des Gerichts. Dieses Wort wird mit der Verheißung des Jesaja verbunden, mit der die Rückkehr aus dem babylonischen Exil angekündigt wurde: Eine Stimme

ruft: Bahnt einen Weg für den Herrn durch die Wüste... (Jes 40,3)
Wie selbstverständlich wird das Alte Testament als ein Schlüssel zum Verstehen
der frohen Botschaft vorausgesetzt, die mit Jesus ihren Anfang nimmt.

„So trat Johannes der Täufer in der Wüste auf... (Verse 4-6)

Markus bezieht den Jesajatext auf Johannes den Täufer (V. 3). Er schildert den
Täufer und sein Auftreten so, dass seine Leser zweifelsfrei merken können: Das
ist ein Prophet!
- Die verheißene Stimme in der Wüste ist Johannes. Er ist Gottes Bote.
- Seine Botschaft soll die Menschen auf die Ankunft des Messias vorbereiten.
  Er soll die Herzen seiner Zuhörer bewegen; in seiner Haltung und seinem
  Handeln soll erkennbar werden, dass Gott ihn gesandt hat.
- Dem dienen auch die Begleitumstände von Johannes Auftreten:
  - *Die Wüste* ist der bekannte Ort der Bekehrung zu Gott; dort wird das Volk
    für die Zuwendung und Führung Gottes offen (Exodus, Exil ...).
  - *Das Gewand aus Kamelhaar und der Gürtel...*(s. V. 6) – erinnern an die Klei-
    dung des Propheten Elija, dessen Wiederkunft erwartet wird, bevor der
    Messias auftritt (Mal 3,23f.).
  - *Die Taufe mit Wasser* – Ausdruck der Reinigung, der Umkehr und Buße –
    wird zum Zeichen der Vorbereitung auf das Kommen des Messias.

Johannes der Täufer ist der Bote und Wegbereiter für den Kommenden: Jesus
Christus, von dem das folgende Evangelium handelt. Auch Johannes ist für
Markus ein Schlüssel, um Jesus und seine Heilsbotschaft richtig zu verstehen.

„Nach mir kommt einer, der stärker ist als ich... er wird euch mit dem Heiligen Geist taufen." (Verse 7-8)

Die Ankündigung des Messias fasst Markus in einer prophetischen Rede des
Täufers zusammen:
Der nach ihm kommt, wird „der Stärkere" sein. Nach biblischem Verständnis
ist das derjenige, der in der Kraft Gottes Befreiung bringt und nach Jes 11,2
mit dem „Geist der Stärke" ausgerüstet ist. „Der Stärkere" – das ist vor allem
in der prophetischen Tradition des Jesaja der „Gottesknecht", der den Weg des
Leidens geht – ein weiterer Schlüssel zum Verstehen von Jesu Weg und
Schicksal im Markusevangelium.
Diesem Messias ordnet sich der Täufer unter; so hebt er die überragende
Rolle des Kommenden hervor.

b) Der Bibeltext im Kirchenjahr

Der Text ist für den 2. Adventssonntag im Lesejahr B vorgesehen. Er bietet die Chance, die Gestalt des Täufers im Advent nicht nur als Wegbereiter für Jesus kennen zu lernen, sondern am Beginn des Kirchenjahres auch als Schlüssel-Figur zum Verstehen des Markus-Evangeliums in den Blick zu nehmen. Zugleich fordert der Text dazu heraus, Jesu Verwurzelung im AT, insbesondere in der prophetischen Tradition wahrzunehmen und nach der Bedeutung der Botschaft des Täufers für uns heute zu fragen. Gestalt und Botschaft des Täufers laden Kinder und Erwachsene ein, in unseren Tagen seine Spuren zu entdecken und nach Möglichkeiten und Menschen, die heute Jesus den Weg bereiten, zu suchen.

c) Der Bibeltext in der Lebenswelt der Kinder

Nicht allen Kindern wird Johannes der Täufer bekannt sein. Einige werden vielleicht einmal eine Abbildung in der Kirche oder einer Kinderbibel gesehen haben. Anders ist es mit den folgenden Begriffen und Bildern: Anfang, Bote, Wüste und Taufe.

Der Begriff *Anfang* ist Kindern deutlich: Hier beginnt etwas Neues; ein neues Buch wird aufgeschlagen, ein neuer Abschnitt beginnt. Hier ist es eine Fortsetzung einer längst begonnenen Geschichte. Kinder kennen so etwas aus Geschichten und Erzählungen. Sie haben eigene Lebenserfahrungen: ein Umzug oder der Wechsel vom Kindergarten in die Schule. Vieles ist dann ganz neu, Vertrautes erhält einen neuen Stellenwert.

Den Begriff *Bote* kennen Kinder durch das Wort „Postbote". Dabei sind auch sie im Alltag oft sehr verlässliche Boten: zwischen den Elternteilen, zwischen Erzieherinnen, zwischen Lehrern und Mitschülern. Ihnen ist die Rolle eines Boten klar: für jemanden gewissenhaft eine Nachricht an eine bestimmte Person zu überbringen; und ihnen ist auch bewusst, dass der Bote nicht der Sender der Botschaft ist, sondern der Überbringer, wie auch Johannes.

Kindern ist so etwas wie *Wüstenerfahrung* nicht fremd: Manche ziehen sich z.B. hin und wieder zurück in ihr Zimmer, in eine selbst gebaute „Bude", um Ruhe zu finden, abzuschalten und Kraft zu schöpfen. Andere fühlen sich manchmal „in die Wüste" geschickt, abgeschoben, an den Rand gedrängt.

Johannes zieht sich in die Wüste zurück und die Menschen folgen ihm: Wüste ist dort der Beginn von Umkehr, Besinnen und Krafttanken. Kinder erleben so etwas in den „Kuschelecken" von Kindergärten oder Klassenräumen.

Einige Kinder werden schon eine *Taufe* im Familienkreis oder in der Gemeinde erlebt haben und können darüber berichten. Die Symbolik des Abwaschens der Schuld und des Untertauchens als Zeichen des neuen Lebens wird ihnen neu sein. Durch die eindrucksvolle Schilderung der Person des Johannes im Markusevangelium wird sie für Kinder interessant und spannend sein.

II. Bausteine für die Gestaltung

Baustein 1 – Der Bibeltext für Kinder

Die Frohe Botschaft, das Evangelium, das uns von Jesus Christus erzählt, beginnt so, wie wir es beim Propheten Jesaja nachlesen können. Jesaja hatte eine Ahnung davon, dass irgendwann einmal etwas Besonderes geschehen würde. Bei Jesaja steht geschrieben:

Ich sende meinen Boten vor dir her; er soll den Weg für dich bahnen.
Eine Stimme ruft in der Wüste:
Bereitet dem Herrn den Weg,
räumt Hindernisse aus dem Weg,
macht die Straße eben.

Es geschah, wie es bei Jesaja angekündigt war.
Ein Mann trat in der Wüste auf. Sein Name war Johannes der Täufer. Er wollte die Menschen in Bewegung bringen. Freiwillig sollten sie kommen, um ihr Leben zu ändern. Johannes nannte das „Umkehr". Wer umkehren wollte, konnte sich taufen lassen. Johannes glaubte daran, dass jeder Mensch mit Gottes Hilfe sein Leben zum Besseren hin ändern könnte.
Viele Menschen aus Jerusalem und aus Judäa kamen zu Johannes. Sie bekannten ihre Sünden und ließen sich im Jordan von Johannes taufen.
Johannes konnte man schon von weitem an seiner besonderen Kleidung erkennen:
Er trug ein Gewand aus Kamelhaaren und einen ledernen Gürtel. Er lebte sehr bescheiden. Er ernährte sich von Heuschrecken und wildem Honig.
Immer wieder erzählte er den Menschen, die zu ihm kamen:
Nach mir kommt einer, der ist stärker als ich. Ich bin es nicht wert, mich zu bücken und ihm die Schuhe auf zu schnüren. Ich habe euch nur mit Wasser getauft. Er aber wird euch mit dem Heiligen Geist taufen.

■■
■. Baustein 2 – Bildbetrachtung zum Bild „Johannes der Täufer"
■ von Sieger Köder

❑ Die Kinder betrachten das Bild und äußern ihre Wahrnehmung im Gespräch. Im Unterricht können sie anhand der Fragen allein oder in Gruppen schriftlich eine Bildbetrachtung verfassen.

● Schau das Bild genau an!
● Stell dir vor, du möchtest das Bild
  jemandem beschreiben,
  der es nicht gesehen hat.
  Erzähle genau, was du siehst:
● Was kannst du erkennen?
● Gibt es Personen, wie viele,
  wie sehen sie aus?
● Was machen die Personen?
● Wie sieht die Landschaft aus?
● Wer könnte das sein?

Meditationstext zum Bild

Da bekommt einer den Kopf gewaschen oder was ist da los?

Erkennst du den Mann, der steht, an seinem Kleid?
Es ist aus Kamelhaar, also ist es Johannes der Täufer.

Johannes hat in der Wüste gelebt und zu den Menschen gesprochen.
Er hat ihnen einen Weg gezeigt, wie sie ihr Leben ändern können.
Jesus lässt sich von Johannes taufen.
Der Maler zeigt uns, wie er die Geschichte mit der Taufe aus der Bibel ver-
steht.
Die Taufe ist ein Anfang. Der tut gut wie Wasser in der Wüste.
Aber dann geht es weiter. Da entlang, wohin der Finger zeigt.
Es ist ein Weg durch die Wüste, manchmal über Steine.
Man wird ganz neugierig: Wohin führt der Weg?

Baustein 3 – Gestaltung einer Mitte

❏ Die Kinder sitzen im Stuhlkreis. In der Mitte entsteht durch Legen verschiedener Materialien eine zur Erzählung passende Landschaft: „Unsere Geschichte spielt in einer Wüste, dort gibt es kaum Grün..."

❏ Während des Erzählens werden hellbraune und gelbe Tücher in die Mitte zu einer Landschaft gelegt, Steine können als Felsen dienen, ein blaues Stoffband stellt den Jordan dar, an dessen Ufern es spärliches Leben gibt. Zeichen für die Wüstenlandschaft können Zweige und Dornen sein...

Baustein 4 – Wüstenlandschaft in der Kirche erstellen

Vor der Krippe, im Altarraum oder a. a. Ort entsteht auf einer festen Bauplane mit verschiedenen Sandsorten, Kiessteinen, „Rosen von Jericho" (vgl. Band 5, S. 29-30, 103), Wurzelstöcken und Palmen eine Wüstenlandschaft. Der Jordan kann durch ein blaues Tuch oder eine Wasserschale angedeutet werden. In dieser Wüstenlandschaft kann die Figur Johannes des Täufers stehen – z.B. für die ganze Zeit des Advents. Z. B. biblische Erzählfigur oder Krippenfigur.

Baustein 5 – Interview mit Johannes dem Täufer gestalten

Die Kinder erhalten als Grundlage den Bibeltext aus Baustein 1 und die Bilder und Texte aus Baustein 9. In Kleingruppen sollen sie ein Interview mit Johannes dem Täufer schreiben und anschließend vorspielen (oder aufnehmen). Je nach Alter kann der Schwierigkeitsgrad der Aufgabe variieren:

❏ 1. Möglichkeit: Die Kinder gestalten das Interview völlig frei.
❏ 2. Möglichkeit: Die Kinder erhalten zwei Beispielfragen mit Antworten (s.u.), sie sollen in dieser Art das Interview weiter führen.
❏ 3. Möglichkeit: Die Kinder erhalten alle Fragen sowie zwei Antworten vorgegeben.

Fragen für das Interview:
• Wie heißen Sie?

- Wir haben gehört, dass Sie zu Johannes noch einen Beinamen führen. Wie lautet der Name?
- Können Sie uns erzählen, wie Sie zu diesem Beinamen gekommen sind?
- Sagen Sie, Sie tragen ungewöhnliche Kleidung? Könnten Sie uns erklären, was das ist?
- Sie leben in der Wüste, haben uns die Leute erzählt. Wovon leben Sie denn?
- Warum kommen so viele Menschen zu Ihnen? Was wollen die von Ihnen? Und was erzählen Sie den Menschen?
- Wie stehen Sie zu Jesus?
- Was würden Sie uns Christen heute sagen?

Baustein 6 – Anmoderation für Jesus schreiben, evtl. als Videoclip darstellen.

Johannes kündigt den kommenden Herrn an. – Kinder und Jugendliche führen hin und wieder auch durch Programme und müssen dann den nächsten Auftritt ansagen. Wie würde deine Ansage für Jesus heute aussehen?

Baustein 7 – Johannes-Memory

Folgende Bilder werden kopiert und anschließend foliert.

❏ Möglichkeit A: Memory/Domino

Die Bilder werden gemeinsam angeschaut (evtl. auf Folie/starkes Papier kopiert) und ihr Inhalt besprochen. Anschließend spielen die Kinder Memory/Domino in Kleingruppen. Pro Gruppe wird jedes Bild doppelt ausgegeben.

❏ Möglichkeit B: Lesen, verstehen, zuordnen

Dies eignet sich als Abschluss oder Beginn der Beschäftigung mit Johannes, dem Täufer. Gemeinsam (Folie und Tageslichtprojektor) als Zuordnungsspiel mit Kärtchen oder als Arbeitsblatt, auf dem nur die Texte gedruckt sind und die Bilder aufgeklebt werden.

Bild	Text
Sanddüne Kamel	Johannes der Täufer lebt in der Wüste.
Rufer (rufendes Gesicht)	Johannes ruft die Menschen zur Umkehr.
Wabe mit Biene	Johannes isst wilden Honig
Heuschrecke	Johannes isst Heuschrecken.
Mantel mit Kamelhaar	Seine Kleidung passt zur Wüste: Ein Mantel aus Kamelhaar
Gürtel	Aus Leder hat Johannes einen Gürtel gemacht.
Sandalen	ganz einfache Sandalen zur Zeit des Johannes
Schriftrolle	Beim Propheten Jesaja wird angekündigt, dass ein Wegbereiter erwartet wird.
Fluss	am Jordanfluss tauft Johannes die Menschen
Menschen am Fluss	viele Menschen kommen zu Johannes. Sie wollen ihr leben ändern.
Taufe am Fluss	Die Menschen lassen sich taufen. Es ist die Taufe zur Umkehr.
Johannes	So könnte Johannes ausgesehen haben.

Seht, neuer Morgen in unsrer Nacht

1. Seht, neu-er Mor-gen in uns-rer Nacht: Gott be-freit sein Volk, schon
kommt er her-bei. Glück für die Men-schen, Fest oh-ne End. Be-rei-tet den
Weg, den Weg für den Herrn. Be-rei-tet den Weg, den Weg für den Herrn.

2. Hört, gute Nachricht, Freudengesang:
Gott befreit sein Volk, schon kommt er herbei.
Ruf in der Wüste trifft unser Ohr:
Bereitet den Weg, den Weg für den Herrn.
Bereitet den Weg, den weg für den Herrn.

3. Seht, neues Leben, seht, neue Welt:
Gott befreit sein Volk, schon kommt er herbei.
Er schenkt den Frieden, er ist bei uns.
Bereitet den Weg, den Weg für den Herrn.
Bereitet den Weg, den weg für den Herrn.

Lasst euch anstiften zur Freude

Text: Rolf Krenzer, Musik: Detlev Jöcker

1. Laßt euch an-stif-ten zur Freu-de! Laßt uns
Freu-den-stif-ter sein. Und es fin-den hier und heu-te vie-le

Leu - te wie - der Freu - de, und kein Mensch ist mehr al -
lein, denn Gott selbst wird bei uns sein. Ref.: Hal -
le - lu - ja, Hal - le - lu - ja, denn Gott
selbst wird bei uns sein. selbst wird bei uns sein.

2. Lasst euch anstiften zur Hoffnung!
Lasst uns Hoffnungsstifter sein!
Und es finden hier und heute
viele Leute
wieder Hoffnung,
und kein Mensch ist mehr allein,
denn Gott wird selbst bei uns sein.

3. Lasst euch anstiften zum Frieden!
Lasst uns Friedesstifter sein!
Und es finden hier und heute
viele Leute
wieder Frieden,
und kein Mensch ist mehr allein
denn Gott wird selbst bei uns sein.

4. Stiftet an mit hellen Leuchten!
Tragt es in die Welt hinein.
Als das Kind im Stall geboren
so verloren
kam ein Leuchten
mit ihm in die Welt herein,
denn Gott wird selbst bei uns sein.

5. Lasst euch anstiften zur Liebe,
denn dann findet Frieden statt.
Weil im Stall das Kind, das kleine,
ganz alleine
zu der Liebe
alle angestiftet hat.
Und so findet Frieden statt.

Aufpassen!!! In der Fasten- und Adventszeit wird das Halleluja im Refrain durch das Wort „Immanuel" ersetzt!

Eure Söhne und Töchter
werden prophetisch reden

Von Joel 3 zu Apostelgeschichte 2

I. Erschließung der biblischen Botschaft

a) Erklärungen zum Bibeltext

Anbruch einer neuen Zeit (Joel 3)

Das Buch Joel ist in der ersten Hälfte des vierten Jahrhunderts entstanden. Die Exilzeit in Babylon ist vorbei. Joel 1 blickt auf eine bereits erlittene Not zurück. Das Perserreich hat dem Volk Israel neue Freiheiten geschaffen. Tempel und Mauer Jerusalems wurden wieder aufgebaut. Allerdings wird schon angedeutet, dass ein „Völkersturm" gegen Jerusalem im 4. Jahrhundert eine Erschütterung des Perserreiches bringen wird. Im Falle der Umkehr kündigt der Prophet Verschonung und Rettung an. Joel benutzt Bilder vom Auszug aus Ägypten, wie die Heuschrecken und andere Plagebilder, um die momentane Not und die Verheißung von Rettung und Heil darzustellen.

Der Geist durchbricht Barrieren Joel (3,1-2)

Für den Fall der Umkehr entwickelt Joel die Vision der Geistausgießung, die einen neuen endzeitlichen Exodus darstellt. Der Geist soll ausgegossen werden über Söhne und Töchter, über alte und junge Männer, über Knechte und Mägde und Kinder. Nicht nur die Alten stehen für Weisheit und die Jungen für Träume, auch die Sklavinnen und Sklaven werden zu geisterfüllten Menschen. In der gegenwärtigen Not verheißt Joel den Geist, der neue Zukunft schafft und Visionen, Träume und Prophetie durch die gesamte Gesellschaft hindurch möglich macht.

Gottes Macht verwandelt Himmel und Erde. Blut, Feuer und qualmender Rauch weisen auf Kriege und Naturkatastrophen hin; zusammen mit Sonnen- und Mondfinsternis waren dies Zeichen für den Weltuntergang oder das Endgericht Gottes. In Krisenzeiten steigt die Hoffnung auf den Sieg Gottes.

Am Ende soll der große und herrliche Tag Gottes stehen: die Rettung.

Eine Kirche der Träume und der Visionen (Apg 2,14-36)

Die Ausgießung des Geistes über das Volk wird Wirklichkeit im Pfingstereignis in Jerusalem. Petrus zitiert in seiner Predigt (nach Apg 2, 17-21) die Joelstelle.

Die Hoffnung des Joel erfüllt sich also Pfingsten mit dem Geburtstag der Kirche, so möchte Lukas es in der Apostelgeschichte ausdrücken. Natürlich bleibt diese Hoffnung in ihrer absoluten Erfüllung immer offen, aber die neue Zeit beginnt bereits in der entstehenden Kirche.

Mit Hilfe der Joelvision beschreibt die Apostelgeschichte, wie Kirche aussehen soll. Unterschiede zählen in der Kirche nicht mehr. Junge und Alte, Männer und Frauen, Freie und Sklaven, Israeliten und Heiden werden vom Geist erfasst. Die junge Generation wird befähigt, verändernde Einsichten zu haben. Selbst die alte Generation hat noch Träume. Es entstehen Propheten, Visionäre und im guten Sinne Träumer. Umkehr und Buße ermöglichen das versprochene Heil, das mit Jesus angebrochen ist. Gottes Macht und Kraft ergreift die ganze Menschheit. Gottes Geist ist ausgegossen. Wo der Geist Raum findet, werden Menschen zu Propheten, Visionären und Träumern.

b) Der Bibeltext im Kirchenjahr

Das Thema eignet sich in erster Linie für und um die Zeit des Pfingstfestes herum. Beide Textstellen können gut zur Vorbereitung auf die Firmung, Konfirmation oder im entsprechenden Festgottesdienst verwendet werden.

Außerdem werden in Joel 3 Kinder und Erwachsene jeden Alters, verschiedene Generationen gleich gestellt. Daher passt das Thema auch bei einem Gemeindefest oder Kinderfest.

Kinder leben ihren eigenen Willen, ihre eigenen Träume mit ihren eigenen Ideen. Diesen Gedanken greift Joel 3 auf. Insofern wäre diese Bibelstelle auch ein anderer Zugang zur Erstkommunion.

c) Der Bibeltext in der Lebenswelt der Kinder

Joel 3 und Apg 2 trifft unterschiedliche Lebenssituationen von Kindern. Kinder spüren manchmal, dass ihnen Träume fehlen. Ihnen ist es langweilig. Begeisterung für eine bestimmte Sache fehlt.

Der Bibeltext ermutigt zum Vertrauen auf Gottes Geist, der neue Ideen und Wege weisen will. (vgl. Baustein 3 und 5)

Oft erleben Kinder, dass letztlich die Erwachsenen entscheiden, obwohl sie selbst gute und wegweisende Einfälle haben. Joel 3 ermutigt, auf Kinder und ihre Ideen zu hören, da ihnen Gottes Geist versprochen ist. Dies ist eine Option für die Kindermitbestimmung. (vgl. Baustein 6 und 7)

Kinder machen die Erfahrung, dass viele gute Ideen, die es zum Beispiel in einer Kinderfreizeit gibt, reizvoller und erfüllender sind, als vor dem Fernseher zu sitzen. Besonders wenn Außergewöhnliches oder „Verrücktes" unternommen wird, ist für sie Leben, lebendiger Geist Gottes und Gemeinschaft spürbar. Der Bibeltext ermutigt zum Wagnis (vgl. Baustein 6 und 8).

II. Bausteine für die Gestaltung

Baustein 1 – Der Text in kindgerechter Sprache

❏ *Joel 3: Gott schenkt allen seinen Geist*

Ich, Gott, werde meinen Geist, meine Kraft und meine guten Ideen zu allen Menschen senden. Die Erwachsenen werden Propheten sein, die alten Menschen werden viele Träume haben und die Kinder tolle Ideen. Auch die Menschen, die kaum jemand lieb hat, werden spüren, dass Gott ganz nahe bei ihnen ist. Alle zusammen werden sie versuchen, die Welt so zu gestalten, wie Gott es sich erträumt.

Es wird viel passieren. Wer auf Gott und seine Kraft vertraut, wird immer einen Weg finden.

❏ *Apostelgeschichte 2*

Hier empfehle ich den entsprechenden Text in der Neukirchener Kinder-Bibel, Irmgard Weth, Neukirchen-Vluyn, 13. Auflage 2001, S. 275f. Das obere Joelzitat kann in den Text eingefügt werden.

Baustein 2 – Traumreise: Neue Ideen träumen

Die folgende Traumreise soll die Kinder in die Welt der Träume und Wünsche ein-

führen. Sie gibt die Möglichkeit, eigenen Visionen und Träumen nach zu gehen. Die Traumreise sollte mit ruhiger Meditationsmusik unterlegt werden, Duftöl und gedämpftes Licht sind ebenfalls hilfreich. Auch ein Kissen für den Kopf.

Lege Dich auf den Rücken, berühre niemanden. Lege deine Arme neben deinen Körper, die Beine ein wenig auseinander. Nun schließe die Augen - wenn du es schaffst, halte sie die ganze Zeit geschlossen.

Achte auf deinen Atem, einatmen – ausatmen – einatmen – ausatmen... es geht ganz von allein.

Jetzt schau dir deine Gedanken an, alles was du heute erlebt hast. Lass sie wie Wolken am Himmel schweben, du brauchst sie jetzt nicht.

Und nun stell dir vor, dass du aufstehst. Du gehst heraus aus unserem Raum, auf die Straße. Genau vor der Tür begegnet dir ein Engel – siehst du ihn? Wie sieht er aus?

Es muss kein Mann mit Flügeln sein, vielleicht ist es ein ganz normaler Mensch, deine Mama, deine Freundin, jemand aus der Straße, ...

Sie oder er spricht dich an: „Hey, sollen wir nicht die Welt verändern? Hast du gute Ideen, was besser werden könnte? Oder Träume für die Welt? Gott traut dir das zu!"

Bist du überrascht? Aber wenn ein Engel dir das sagt! So legst du dich auf die wunderschöne, grüne Wiese in den Schatten auf der anderen Seite der Straße – und dein Engel setzt sich neben dich.

Was würdest Du in dieser Welt alles anders machen? Wovon träumst du? Was findest du nicht o.k., so wie es jetzt ist?

Stille

Wen würdest du noch ansprechen, dir mitzuhelfen? Damit die Welt so wird, wie du sie dir erträumst!

Stille

Und lass dir bloß nicht erzählen, du wärst ja NUR ein Kind. Gott mag dich ganz besonders gerne und traut dir eine ganze Menge zu! Aber das hat dir vielleicht ja schon dein Engel erzählt...

Hast du alles gut behalten, was anders werden soll? Merk es dir gut. Wenn du später einmal erwachsen bist, dann brauchst du immer noch deine Träume. Und du kannst etwas dafür tun, dass sie Wirklichkeit werden. Viele große

Menschen haben das leider vergessen. Aber du hast ja einen Engel an der Seite, sag ihm noch schnell „Tschüß". Und beim nächsten Mal kann es schon wieder ein ganz anderer Engel sein, es gibt so viele davon, schau dich nur um. Und jetzt musst du zurückkommen in unseren Raum, gehe über die Straße in diesen Raum und lege dich auf den Boden.

Bewege deine Zehen rauf und runter, rauf und runter…

Dann mach mit deinen Füßen Kreise, aber lass sie auf dem Boden liegen. Links herum, rechts herum…

Und nun balle deine Hände zu Fäusten - und lass wieder los, zu Fäusten ballen – und loslassen.

Und wenn du die Augen noch immer geschlossen hast, öffne sie jetzt wie in Superzeitlupe – ganz langsam, bis der erste Lichtstrahl hereinfällt. Und dann recke dich und strecke dich, setz' dich auf und gähne nach Herzenslust.

Die Kinder dürfen sich austauschen über das Erlebte und Erträumte, wenn sie mögen. Aber es ist nicht unbedingt nötig, es muss nicht alles immer erzählt werden. Sie sollen sich ihre Engel ja suchen…

Willi Stroband

■ Baustein 3 – Gebet

Guter Gott, manchmal ist es mir langweilig. Dann habe ich einfach keine Idee, was ich spielen soll. Mir fehlen gute Einfälle.

Wenn mich jemand anspricht, zusammen etwas zu unternehmen, geht es mir plötzlich richtig gut. Dann merke ich, dass du bei mir bist, in meinem Herzen und auch im anderen Menschen. Schenke mir Geduld und Ausdauer, dass ich immer wieder neue Ideen habe und mich begeistern lasse. Danke, Gott, für deine Kraft und deine Freundschaft.

■ Baustein 4 – Gespräch mit den Kindern und Symbolhandlung mit Licht

Gottes Geist schenkt Träume und Visionen. Diese fehlen oft in unserer Zeit. Viele sind ratlos und wissen nicht weiter. Gottes Geist ist wie ein Licht, das plötzlich aufgeht.

❏ In einem ersten Schritt wird mit den Kindern nach Situationen gesucht, in denen Menschen ratlos sind und nicht mehr weiter wissen.

❏ Danach haben sicher manche Kinder eine Idee, was man in solchen Situationen machen könnte. Sie haben selbst die Erfahrung gemacht, dass es gut ist, zu einem Menschen kommen und ihm alles erzählen zu können.

❏ Im Gespräch kommt man schließlich darauf, dass uns in solchen Situationen plötzlich „ein Licht aufgehen kann". Wir wissen, wie es weiter geht und was uns hilft.

❏ Abschließend werden die Kinder eingeladen, ein Teelicht an der Osterkerze zu entzünden.

Baustein 5 – Symbol Same und Wasser

Die Geistaussendung ist ein Prozess und „fällt nicht einfach vom Himmel". Der Geist Gottes als Kraft ist schwer vorstellbar. Beide Aussagen sollen symbolisch erfahren werden. Als Symbole werden Same und Wasser verwendet. Der Same steht für die Träume und Ideen, die wachsen müssen und das Wasser für den Geist Gottes, der das Wachstum ermöglicht.

❏ Es werden mit den Kinder Ideen gesammelt, wie Gottesdienst und Kirche für sie interessanter sein könnte. Diese Ideen werden auf einem großen Plakat notiert.

❏ Danach wird ein großer Blumentopf in die Mitte gestellt. Dazu werden Samen gelegt. Mit den Kindern wird erarbeitet, dass man Samen einpflanzen muss, damit eine Pflanze daraus wird. Genauso ist es mit unseren Ideen. Deshalb wollen wir unsere Ideen einpflanzen. Für jede Idee, die auf dem Plakat steht, dürfen verschiedene Kinder einen Samen in den Blumentopf pflanzen.

❏ Im Gespräch kommen die Kinder darauf, dass aus dem Samen nur eine Blume wird, wenn er gegossen wird. Zu unseren Ideen muss ebenfalls Gottes Geist und seine Kraft kommen, damit unsere Ideen konkret werden können. So wird am Ende der Blumentopf mit Wasser begossen.

❏ Der Blumentopf wird in die Kirche gestellt. Im Kindergottesdienst erzählen die Kinder von ihren Ideen und Träumen, das Wachsen der Samen erinnert alle Generationen dann immer wieder daran.

❏ Wenn alles gut geht, wird nach ein paar Wochen ein Pflänzchen wachsen.

❏ Das nachfolgende Bild kann auch als „Gesprächseinstieg" verwendet werden.

Baustein 6 – Kinder machen die Kirche bunter

Die Kinder entwickeln Ideen und Träume für ihre Kirche.

❏ In einem ersten Schritt bekommen die Kinder Papier und Farbstifte. Sie dürfen ihre Traumkirche malen. Nicht nur das Äußere, sondern auch die Innenausstattung soll berücksichtigt werden.

❏ Anschließend dürfen die Kinder sich gegenseitig ihre Traumkirchen auf den Bildern vorstellen. Je nach **Anzahl** der Kinder eignet sich die Gesamt- oder die Kleingruppe.

❏ Im letzten Schritt wird ein Teil der Ideen im Kirchenraum umgesetzt. Die Bilder der Kinder werden an einem geeigneten Platz aufgehängt. Mit Tüchern, Blumen oder Symbolen wird danach mit den Kindern die Kirche gestaltet. Dadurch wird sich die Kirche verändern und bunter werden.

Baustein 7 – Ein Lied gestalten

Grundlage für diesen Baustein ist das Lied: Löscht den Geist nicht aus. Das Lied besteht aus zwei Teilen, Kehrvers und Strophen. Besonders der Kehrvers (Löscht den Geist nicht aus) bietet viele Möglichkeiten einer lebendigen Gestaltung.

Das Lied wird eingeübt und dann mit verschiedenen Instrumenten gestaltet. Als Instrumente eignen sich gut: Rasseln, Xylophon, Bongos, Schellenkranz...

❏ Zuerst lernen die Kinder das Lied kennen. Vorsingen und dann gemeinsames Singen tragen dazu bei, mit dem Lied vertraut zu werden.

❏ Ideen für die Liedgestaltung mit Instrumenten werden gesammelt.

❏ Schließlich wird zum gemeinsamen Singen der Einsatz der Instrumente ausprobiert. Es darf durchaus mehrere Versuche geben. Experimentieren gehört dazu, wenn man dem Geist Gottes Raum geben möchte.

Löscht den Geist nicht aus

Löscht den Geist nicht aus.— Got - tes

Geist will un - ter uns le - ben! Löscht den

Geist nicht aus,— er ist in Frei-heit uns ge - ge-ben.

1. Neu -e Schrit - te wol - len wir wa - gen, wo sind uns -re
2. Neu -e Wor - te wol - len wir spre - chen, wo sind off - ne
3. Neu -e Ta - ten woll'n wir voll-brin - gen, wo sind uns -re

Zie - le? Hilf - los ir - ren wir voll mit Sor - gen,
Oh - ren? Laut und schrill ist oft un - ser Re - den,
Träu - me? Eng und ängst - lich ist un - ser Pla - nen,

Herr, es sind so vie - le. Gib mir Mut und
halt - los und ver - lo - ren. Gib ein Wort in
nichts will man ver - säu - men. Gib mir Kraft und

füh - re mich heu - te noch zu dir!—
mei - ne Hand, dass Ge - mein - schaft wer - de!
Zei - ge mir, wo man hel - fen kann!—

■ Baustein 8 – Gottes Geist verbindet alle

Mit diesem Baustein soll zum Ausdruck kommen, dass Gottes Geist über alle ausgegossen ist. Durch jede und jeden kann Gottes Geist wirken. Das bedeut, dass Gottes Geist auch in anderen Religionen und Glaubensrichtungen wirkt. Der ausgegossene Geist über allen verbindet Menschen untereinander. Diese Gedanken sollen im Folgenden spürbar werden.

❏ Der ausgegossene Geist Gottes wird durch einen roten Wollfaden symbolisiert. Die Kinder stehen im Kreis. Nach einer kurzen Einführung in die Thematik lässt man den roten Faden im Kreis herumgehen, so dass sich am Ende jeder an dem einen roten Faden festhält.

❏ Daran kann sich ein Segensgebet mit der Bitte um den Heiligen Geist anschließen.

❏ Da nun jeder seinen eigenen Weg gehen muss und trotzdem mit dem Geist und untereinander noch verbunden bleibt, darf jeder links und rechts den roten Faden abreißen, so dass ihm ein Stück roter Faden bleibt.

❏ Als Erinnerung und als Zeichen der Verbundenheit bindet jeder das Stück roten Faden um das eigene Handgelenk.

■ Baustein 9 – Lieder zum Thema

● Löscht den Geist nicht aus: siehe oben
● Dein Geist weht, wo er will: Wolfgang Poeplau, Ludger Edelkötter, in: Erdentöne – Himmelsklang, Ulm 2001, S. 77.
● Die Sache Jesu braucht Begeisterte: Alois Albrecht, Peter Janssens, in: Erdentöne – Himmelsklang, Ulm 2001, S. 77.
● Schwester Geist (Kanon) von P. Janssens aus: Und der Brunnen ist tief, Musikverlag Telgte, 1987
● Besondere Empfehlung: Musical „Feueratem" zum Thema Heiliger Geist von Markus Grohmann. Noten und CD erhältlich beim Verlag strube (Bestellung unter www.strube.de möglich. (Altersgruppe ca. ab 12 Jahre)

Annette Gawaz

Damit Gott selbst ins Spiel kommen kann …
Methoden szenischen Spiels

Theaterprobe oder ganz spontan?

Es gibt zahllose Bücher mit Spielszenen für Kinder zu biblischen oder religiösen Themen oder sogenannten „Anspielen" für Kinder- und Familiengottesdienste oder Kinderbibelwochen.

Meistens sind diese Szenenvorschläge so gedacht, dass sie von einer Gruppe Kinder für den Gottesdienst, die Kinderbibelwoche oder den katechetischen Nachmittag eingeübt, vorbereitet, geprobt und dann vorgespielt werden. Solche kleinen „Theaterstücke" machen den Kindern meistens viel Spaß und sind ein wertvoller Impuls für ein anschließendes gemeinsames Gespräch, eine Weiterarbeit in der Kleingruppe oder eine Anregung zum persönlichen Nachdenken.

Daneben gibt es die Möglichkeit, spontan, das heißt ungeprobt mit Kindern zu biblischen oder anderen religiösen Themen zu spielen – sei es im Kinder- und Familiengottesdienst oder im Religionsunterricht, im Rahmen der Erstkommunionvorbereitung, bei Kinderbibeltagen usw.

Ein solches spontanes Spielen eröffnet einen ganz neuen Raum, die Bibel und ihre Erzählungen für Kinder lebendig und aktuell werden zu lassen, biblisches Geschehen so zu erleben, „als ob du selbst dabei gewesen wärst."

Zu solchen Spielansätzen möchte sie dieser Beitrag ermutigen!

Damit Gott selbst ins Spiel kommen kann…

Die Bibel selbst ist „Bibliodrama", insofern als uns in ihr nicht in erster Linie historisch oder literarisch interessante Texte begegnen, sondern der lebendige Prozess der Heilsgeschichte, den Gott in Gang gesetzt hat. Deshalb kann Begegnung mit der Bibel Begegnung mit Gott selbst bedeuten. So wie Gott sich durch die Geschichte hindurch für Menschen „ins Spiel" gebracht hat, kann er auch heute „ins Spiel" kommen, wenn wir eintauchen in die erlebten Erzählungen der Bibel. Da wird nicht Theater gespielt, möglichst getreu am Text und Ablauf – nein, da geschieht etwas beim Spielen, das Spiel wird zum Ereignis, die Bibelstelle bekommt auf einmal Brisanz, aus dem „Lese-Wort" wird ein „Lebe-Wort".

In einem solchen Ansatz, die Bibel zu Wort kommen zu lassen, stecken viele Möglichkeiten von Entwicklung, Eigendynamik, auch von Unwägbarkeiten, die wir nicht alle vorher planen können. Zumindest gilt das für die intensivste Form biblischen Spiels, das Bibliodrama. Wer ein echtes Bibliodrama mit einer Gruppe durchführen will, braucht relativ viel Zeit und vor allem eine(n) kompetente(n) Begleiter(in), der/die entweder eigens dafür ausgebildet oder in irgendeiner Form in Begleitung und Beratung tätig ist.

Auch ohne Bibliodramaausbildung können wir uns beim freien biblischen Spielen an einigen Elementen orientieren, die Bestandteil eines Bibliodramas sein können oder Vorübungen dazu sind.

Für alle folgenden Spielansätze, gelten ein paar Voraussetzungen:

Der Spielraum sollte ein geschützter Raum sein: jede(r) muss sich sicher fühlen, keiner darf sich gezwungen sehen, eine bestimmte Rolle zu spielen.

Es sollte möglichst keine Zuschauer geben, sondern alle werden ins Spiel einbezogen. Eine Ausnahme bildet der Familien- oder Gemeindegottesdienst. In diesem Fall wird es unumgänglich sein, auch Zuschauer beim Spiel zu haben.

Für die meisten Spielformen ist ein gewisses Angebot an Material hilfreich und unterstützt das Einfinden in einer Rolle: Tücher, Decken, Orff'sche Klanginstrumente,...

Das Spiel braucht sowohl eine Vorbereitung – „Aufwärm-Phase" – als auch eine abschließende Möglichkeit zur Reflexion, zum Nachspüren.

1. Pantomime

Möglich in Gottesdienst, RU, anderen katechetischen Treffen.

Die Pantomime ist eine sehr eindrückliche Spielform, weil sie ganz auf das Hilfsmittel Sprache verzichtet und unsere Aufmerksamkeit auf den körperlichen Ausdruck lenkt. Sie holt uns manchmal viel schneller ins Erleben als gesprochener Text, vor allem dann, wenn wir uns selbst bewegen. Ein pantomimisches Anspiel eines Einzelnen oder einer kleinen Gruppe kann – wenn es gut eingeübt ist – ein wirkungsvoller Impuls für einen Gottesdienst oder eine katechetische Einheit sein.

Ebenso ist es möglich, einzelne Elemente einer biblischen Erzählung – nie eine ganze Geschichte! - gemeinsam pantomimisch nach zu spielen oder einer inneren Bewegung, einem Gefühl, einer Entwicklung gestischen Ausdruck zu geben, indem man miteinander nach einer entsprechenden äußeren Bewegung sucht und diese dann gemeinsam vollzieht. Dazu ist ein vorheriges Sprechen über die Szene und die entsprechenden Personen unbedingt notwendig, um herauszufinden, welche Bewegung, Veränderung geschieht. Hier ein paar Vorschläge, wie pantomimisch gespielt werden kann:

(freies) Erzählen einer biblischen Geschichte: an den entsprechenden Stellen wird gemeinsam körperlich nachvollzogen, was eine Gestalt erlebt; eine Pantomime zu Zachäus könnte z.b. so aussehen: Der kleine Mann ist nachher groß von Ansehen vor Gott. In seinem Herzen ist er eng, will nicht loslassen, nicht geben, aber dann weitet, öffnet er sein Herz. Diese Form eignet sich besonders für Entwicklungsgeschichten, die ein „Vorher" und „Nachher" haben.

Ansatz nicht am biblischen Text, sondern an der Erfahrungswelt der Kinder: der Punkt, um den es geht, wird zunächst im alltäglichen Leben der Kinder aufgespürt und deren Erfahrung in Bewegung umgesetzt. Anschließend wird diese Erfahrung in der biblischen Erzählung wiederentdeckt. Schauen wir auf die Erzählung von Zachäus. Gemeinsam wird überlegt, wo wir uns klein fühlen. Was sind das für Situationen? (wenn andere uns nichts zutrauen, wenn andere uns niedermachen, wenn wir uns schämen usw.) Was fühlen wir in diesen Situationen? Wir versuchen das Gefühl in körperlichen Ausdruck umzusetzen. Anschließend hören wir von Zachäus, der sich auch klein gefühlt hat. Beim Erzählen wiederholen wir unsere entdeckte Geste – und beginnen, Zachäus zu verstehen.

Arbeit mit Gegensätzen: wir drücken gemeinsam Traurigkeit und Schmerz aus; anschließend suchen wir nach einem körperlichen Ausdruck für Freude. Andere Gegensätze können sein „verschlossen-offen", „einsam-gemeinsam", „ausgestoßen-aufgenommen", „gefangen-befreit", „blind-sehend" usw.

Wichtig ist, nach dem Spiel Raum zu lassen, damit ein(e) jeder dem eigenen inneren Erleben nachgehen kann – in Stille, bei leichter Musik, im einfühlsamen Gespräch, in einem Gebet, in einem meditativen Tun, das einlädt, bei sich selbst zu bleiben.

2. Spiel mit Standbildern

Möglich in RU, anderen katechetischen Treffen, im Kindergottesdienst, nur bedingt im Gemeindegottesdienst.

Ein Standbild ist vergleichbar mit einem Foto oder mit dem Bild, das entsteht, wenn wir einen Film an einer Stelle anhalten. Eine Szene mit einer ganz bestimmten Zuordnung der handelnden Personen wird festgehalten und wie in

Großaufnahme betrachtet, um den Blick genau auf das zu lenken, was gerade geschieht und so einen Höhepunkt oder Wendepunkt genau zu erfassen.

Es ist spannend und macht Spaß, bei einer passenden Bibelstelle mit den Kindern ein solches „Foto", ein Standbild zu erstellen. Zunächst wird die biblische Geschichte bis zur entsprechenden Stelle erzählt – z.B. die Erzählung von Elija unter dem Ginsterbusch (1 Kön 19). Dann kommt der „Schnitt" – in unserem Beispiel, am besten nach der zweiten Aufforderung des Engels: „Steh auf und iss..." - nun können alle zusammen überlegen, wie die Szene jetzt, genau in diesem Moment wohl aussieht. Gemeinsam wird die Szene nachgestellt, wobei alle mitentscheiden, aber in der Regel nicht alle als „Bildmaterial" einbezogen werden können. Steht die Szene zufriedenstellend, kann sie noch einmal vertieft werden, indem zunächst die einzelnen Personen des Bildes und anschließend die anderen BetrachterInnen ihre Blickweise den anderen erzählen. Der/die SpielanleiterIn hilft mit einfachen Fragen:

Wo befindest du dich im Bild? (DarstellerIn beschreibt seine/ihre Position)
Wen oder was hast du im Blick?
Was fühlst du dort, wo du bist?
Was würdest du gerne verändern?
Wohin zieht es dich? ...

Nach diesem Austausch kann miteinander überlegt werden, wie die Geschichte wohl weitergeht. Was können wir am Bild verändern, damit sich die Spannung löst? Anschließend wird erzählt, wie die Erzählung in der Bibel ihren Fortgang nimmt.

3. „Jeu dramatique"

Gut einsetzbar im Kindergottesdienst, RU, bei anderen katechetischen Treffen, bedingt im Familiengottesdienst.

Hinter diesem etwas ungewohnten französischen Wort verbirgt sich eine Mischung aus Pantomime und Rollenspiel.

Ein(e) Erzähler(in) erzählt oder liest den ausgewählten Text. Parallel dazu wird das Erzählte dargestellt, ohne dass die Akteure dabei sprechen. Spannend an dieser Spielform ist, dass auch Gegenstände der Geschichte und Gefühle durch Material dargestellt werden können. Vielleicht wird in einer Erzählung die Trauer sichtbar in einem schwarzen Tuch, vielleicht wird Wut dargestellt mit Hilfe einer Trommel, vielleicht wird das Rote Meer beim Auszug der Israeliten lebendig und reiht sich ein in den Siegestanz der Mirjam....

Auch diese Form des Spiels setzt voraus, dass die Erzählung zuvor miteinander bedacht wurde. Gemeinsam werden die Personen, Gegenstände, Gefühle...herausgesucht, die von der Gruppe dargestellt werden können.

4. Rollenspiel

Möglich im RU (am besten mit einer Doppelstunde), bei anderen katechetischen Treffen, bei denen kein Zeitdruck herrscht, nicht im Gemeindegottesdienst und nur bedingt im Kindergottesdienst einsetzbar.

Was schon zu den vorausgegangenen Spielformen gesagt wurde, gilt auch für das biblische Rollenspiel: Bevor gespielt wird, muss eine erste Auseinandersetzung mit der biblischen Geschichte erfolgt sein. Gemeinsam wird festgelegt, welche Rollen besetzt werden sollen (auch Gegenstände und Gefühle können personifiziert werden) und welche Eigenarten mit diesen Rollen verbunden sind.

Ein Rollenspiel ist kein reines Nachspielen der Geschichte, sondern eine Form, diese Geschichte zu „ver-heut-igen", für uns heute lebendig und aktuell werden zu lassen. Deshalb geht es auch nicht um Vollständigkeit; mag sein, dass nur eine einzige Szene gespielt und weitergespannt wird. Daraus folgt, dass man ausreichend Zeit braucht, um sich in eine Erzählung und deren Rollen einzufinden und einzufühlen.

Ein paar Hinweise können hilfreich sein, mit dieser Spielform kreativ umzugehen:

Oft empfiehlt sich ein perspektivisches Spiel, d.h., das Ereignis wird aus einer bestimmten Perspektive heraus erzählt und gespielt: bei Jesusgeschichten aus der Erzählung eines bestimmten Jüngers, bei der Rettungsgeschichte am Roten Meer aus der Perspektive eines bestimmten Israeliten usw. Für ein perspektivisches Spiel können sehr gut neue Figuren „dazuerfunden" werden, z.B. ein Reporter, der nach den Ereignissen fragt, ein Augenzeuge am Wegrand, eine Frau aus der Küche, aber auch „stumme" Rollen wie Tiere, Bäume usw. Es ist für das Spiel hilfreich, den auftretenden Personen Namen zu geben – dadurch werden sie konkreter und ansprechbar. Das gilt auch für Personen, die in der Bibel nicht namentlich überliefert sind. Ein Namensschild macht für alle die Person identifizierbar.

Neben dem perspektivischen Spiel gibt es auch die Möglichkeit, ein Rollenspiel als Fortsetzung der Perikope zu gestalten. Was macht der Geheilte in einer Heilungsgeschichte, wenn er wieder in sein Dorf zurückkehrt? Was erzählt die Frau am Jakobsbrunnen nach ihrer Begegnung mit Jesus den Menschen in ihrem Dorf? Oder sie übertragen die Geschichte in unsere Zeit.

Die Hauptrolle der Geschichte kann auch auf mehrere Personen verteilt werden, um so Entwicklungen, innerliche Veränderungen nach außen sichtbar zu machen.

Ein guter Einstieg ins Rollenspiel ist ein kleines Interview, das der/die Spielleiter(in) mit den einzelnen Darstellern durchführt. Ziel dieser „Befragung" ist das Hineinfühlen in die Rolle. Das kann mit ganz einfachen Schritten geschehen, wobei der/die Spielleiter(in) darauf achten sollte, den Mitspieler immer mit seinem Rollennamen anzusprechen.

Wer bist du? Evt.: Zu wem gehörst du?

Woher kommst Du? Was hast du vor?

Was machst du hier?

Wie geht's dir im Moment?

Das eigentliche Spiel kommt am besten in Gang, wenn ein Erzähler(in) den Beginn der Szene zu erzählen beginnt oder erzählerisch das „Setting" vorstellt – z.B. „Wir befinden uns gerade am See Gennesaret. Die Sonne scheint, es wird wohl wieder ein heißer Tag werden. Da sehe ich gerade, wie ein Boot am Ufer anlegt. Mal sehen, wer da gekommen ist..."

Wie jede andere freie Spielform braucht das Rollenspiel unbedingt eine Phase, in der das Spiel ausklingen kann, in der die Kinder langsam aus ihrer Rolle aussteigen und bedenken können, was sie gerade erlebt haben. Auch hier hilft Bewegung: Die Requisiten werden bewusst abgelegt, die Rolle wird wie ein Anzug ausgezogen oder abgeschüttelt. Alle Mitspielenden geben sich die Hand und nennen sich beim richtigen Namen.

Vielleicht gibt es eine Einsicht, die gewonnen wurde, oder hat jemand eine wichtige Entdeckung gemacht, etwas ist plötzlich klar geworden, vielleicht ist ein Gefühl an die Oberfläche gekommen... Diese Besinnungs- und Gesprächsphase ist so wichtig wie das Spiel selbst!

Und noch etwas zum Schluss: Manchmal kommt auf einmal etwas ganz Neues mit ins „Spiel". Je intensiver das Spielen, umso mehr kommt die Lebenswirklichkeit der Kinder mit hinein, umso mehr kommt auch Gott „mit ins Spiel". (Ausnahme ist natürlich, wenn sich das Spiel negativ verselbständigt, dann muss verantwortlich eingegriffen werden).

5. Spontanes Stegreifspiel

Sehr gut einsetzbar im Kinder-, Familien- und Gemeindegottesdienst, im RU bei jüngeren Kindern, bei anderen katechetischen Treffen jüngerer Kinder.

Das spontane Stegreifspiel macht in unserer Reihe eine kleine Ausnahme. Bei

dieser Spielform ist es nicht nötig, den Text vorher miteinander zu besprechen. Die Kinder werden beim Erzählen spontan zum Mitspielen eingeladen. Das gelingt nicht bei jeder Geschichte – deshalb ein paar Vorüberlegungen:
Hat die Erzählung einen klaren Handlungsverlauf, der erkennbar und spontan nachvollziehbar ist?
Das Spiel wird umso lebendiger, je freier erzählt wird. Es macht Spaß, beim Erzählen

in die Augen der Kinder zu schauen! Texte müssen manchmal umgestellt werden, damit sie spielbar werden.
Wo im Raum – sei es Kirche oder Gemeindehaus – können sich die einzelnen Szenen abspielen. Zum Beispiel die Rettung der Israeliten am Roten Meer. Zu überlegen ist: Wo kommen die Flüchtenden her? Wo ist das Rote Meer? Wo ist das rettende Land? Will man eine Prügelei der streitenden Parteien, Israeliten und Ägypter, vermeiden, wählt man die Szenen so, dass die Israeliten jeweils alleine sind.
Die Wahl der Rollen geschieht möglichst ohne Lenkung durch die Leitung: Wenn eine Rolle nicht besetzt werden kann, wird eine Requisite zum Stellvertreter ernannt. Kinder, die die gleiche Rolle spielen wollen, können miteinander um die Rolle verhandeln.
Auch bei dieser Spielform leisten unkomplizierte Requisiten (Tücher, Masken, einfache Klanginstrumente) gute Dienste und erhöhen die Freude am Spiel.

Zum Schluss noch ein Hinweis auf zwei Spielformen, die Kindern im Allgemeinen viel Freude machen, aber der Vorbereitung und Probe bedürfen und deshalb nicht spontan eingesetzt werden können.

6. Schattenspiel
Überall einsetzbar, wo Verdunklung möglich ist.
Der Reiz eines Schattenspiels liegt darin, dass durch die nur schemenhafte Darstellung eines Geschehens viel Raum für eigene Fantasie bleibt. Die Handlung konzentriert sich auf Wesentliches. Sie geschieht fast in Zeitlupe, so dass der Blick auf den Kern einer Geschichte gelenkt wird.

Ein Schattenspiel lässt sich in Lebensgröße mit richtigen Personen spielen, muss aber gut geprobt werden, damit es gelingt. Es ist nicht leicht, sich so zu bewegen, dass ein guter Schatten auf der Leinwand entsteht.

Ebenso ist es möglich, Figuren und Gegenstände als Schattenrisse aus schwarzem Karton herzustellen und mit Hilfe von Holzstäbchen hinter der Leinwand zu führen. Kinder können dabei sehr gut mitmachen.

7. Puppenspiel

Wher geeignet für jüngere Kinder, überall einsetzbar in Abstimmung mit den räumlichen Gegebenheiten.

Ein Spiel mit Puppen kann sehr vielseitig eingesetzt werden. Als Puppentheaterspiel kann eine (biblische) Geschichte mit Hilfe von Handpuppen, Stabpuppen, Marionetten oder auch entsprechenden größeren Figuren vorgespielt und anschließend besprochen werden.

Dabei kann eine Figur eingeführt werden, die den Kindern die Geschichte erzählt und ein Gespräch mit den Kindern führt. Das kann z.B. eine Wüstenmaus sein, die den eiligen Auszug der Israeliten mitverfolgt hat und nun wissen will, was da eigentlich los ist. Ein Vogel von oben z.B. kann mehr gesehen haben, als die Menschen unten mitbekommen... Kinder reagieren begeistert solche Figuren und sprechen freimütig mit ihnen.

Für die Vorstellungskraft jüngerer Kinder reicht oft ein ganz einfaches Hilfsmittel aus: ein farbiges Tuch, in der Mitte geknotet, wird wie ein „Kopf" auf den Zeigefinger gesetzt. Die Figur erhält einen Namen und stellt sich den Kindern vor – und schon beginnt der Dialog.

Spontaneität ist auch hier möglich! Bei manchen Szenen bietet es sich an, spielwillige Kinder eine Figur übernehmen zu lassen und gemeinsam zu spielen.

Spielen macht Spaß! Es ist eine Form menschlichen Ausdrucks, der in unserer sehr leistungs- und intellektorientierten Zeit meistens zu kurz kommt. Spielen bietet viele Möglichkeiten und gibt Raum für neue Entdeckungen.

Wort- und Sacherklärungen

JHWH: Die Konsonanten JHWH bezeichnen im hebräischen Text des Alten Testaments den Eigennamen des Gottes Israels. Weil der Gottesname als heiliger Name galt, wurde er nicht ausgesprochen. Wenn im Bibeltext JHWH stand, las man „Adonaj". Die deutschen Übersetzungen schreiben fast alle „Herr" statt JHWH. In dieser Reihe wird in den Texten - aus Respekt vor der jüdischen Tradition - das Tetragramm mit seinen Konsonanten wiedergegeben. Bei der Lesung muss im Einzelnen entschieden werden, wie man der jeweiligen Stelle am besten gerecht wird. In vielen Fällen ist „Gott" eine angemessene Lösung.

Pentateuch: Die Bücher Genesis bis Deuteronomium sind die fünf „Bücher Mose", jüdische Thora.

Tora: *Hebräisch: Weisung;* In diesem Wort wird die Weisung Gottes an sein Volk, die das Leben im Land möglich machen will, zusammengefasst. Im engeren Sinne versteht man unter Tora die Bücher Genesis bis Deuteronomium, genannt Pentateuch. Im NT wird Tora mit Gesetz wiedergegeben, was aber Missverständnisse auslöst.

Zion: Name für den Südost-Hügel Jerusalems. Bei den Propheten bezieht er sich auf den Tempelberg als Gottessitz. Nach dem Exil in Babylon wird der Zion zum Symbol des endgültigen Heils, das Gott schenkt.

Liedregister

Alles, was beginnt, hört auch wieder auf	Band 3, Seite 35
Da ist ein Schaf. Seht es läuft weg	Band 3, Seite 92/
	Band 5, Seite 14
Der Herr ist mein Hirte (zu Psalm 23),	Band 6, Seite 67
Du bist Vater und Mutter	Band 8, Seite 36
Du schaust nach mir. Ich bin nicht allein	Band 4, Seite 50
Ein Brunnen in der Wüste	Band 5, Seite 31
Ein Mann hat viele Schafe	Band 3, Seite 91
Eine Vase darin Zweige viele kleine Sterne dran	Band 4, Seite 71
Es kommen viele Gäste zu einem Hochzeitsfeste	Band 3, Seite 27
Fröhlich will ich singen. Fröhlich soll es klingen	Band 1, Seite 59
Fürchte dich nicht	Band 5, Seite 14
Gib uns Ohren, die hören und Augen, die sehn	Band 2, Seite 86
Gott, dein guter Segen ist wie ein großes Zelt	Band 4, Seite 24
Gott gab uns Atem, damit wir leben	Band 1, Seite 82
Gott gab uns Hände	Band 7, Seite 28
Gott hat Abraham gerne	Band 4, Seite 80
Halleluja lasst uns singen, denn die Freudenzeit ist da	Band 3, Seite 55

Halte zu mir, guter Gott	Band 1, Seite 16
Herr, du gibst das Brot, das wir zum Leben brauchen	Band 2, Seite 87
Heute ist ein Tag, an dem ich singen kann	Band 1, Seite 44
Hört, beim Abendmahl nimmt Jesus sich ein Tuch	Band 2, Seite 93
Ich bin ich. Ich bin ich	Band 1, Seite 81
Ich folge ihm nach	Band 7, Seite 21
Ich will dich segnen	Band 4, Seite 23
Ich will euch erzählen von Abraham	Band 4, Seite 85
Im Land der Blaukarierten sind alle blaukariert	Band 1, Seite 88
Jesus, du bist so gut, aber die Menschen nehmen...	Band 2, Seite 93
Jesus kommt nach Jerusalem in die große Stadt	Band 2, Seite 88
Jesus sagt zu allen und zu dir und mir	Band 1, Seite 65/ Band 2, Seite 92
Kommt alle und freut euch	Band 1, Seite 60
Kriecht aus eurem Schneckenhaus	Band 5, Seite 53
Lasst euch anstiften zur Freude	Band 8, Seite 78f
Lasst uns Jesu Helfer sein	Band 1, Seite 90
Lobt alle Gott	Band 6, Seite 50
Löscht den Geist nicht aus	Band 8, Seite 87
Mache dem Furchtsamen Mut	Band 8, Seite 25
Mit der Erde kannst zu spielen	Band 1, Seite 54
Mit der Trommel in der Hand	Band 8, Seite 48
Propheten sind wir alle	Band 8, Seite 65
Regenbogenbuntes Licht, deine Farben sind das Leben	Band 1, Seite 53
Sagt es allen weiter, weiter, weiter	Band 2, Seite 91
Segne uns mit der Weite des Himmels	Band 4, Seite 83
Seht, neuer Morgen in unsrer Nacht	Band 8, Seite 78
Seht das Zeichen, seht das Kreuz	Band 2, Seite 87
Still, still, höre	Band 8, Seite 57
Vom Anfang bis zum Ende hält Gott seine Hände	Band 4, Seite 26
Von ganzem Herzen wünschen wir dir heute alles Gute	Band 4, Seite 69
Wasser bringt Segen	Band 5, Seite 30
Weizenkorn so klein. Bleibe nicht allein	Band 2, Seite 86
Wenn ich Angst hab', will ich beten	Band 2, Seite 90
Wie Gott die Welt erschaffen hat	Band 6, Seite 50
Wir fangen an, fröhlich zu sein	Band 1, Seite 24
Wir rufen dich bei deinem Namen	Band 5, Seite 45
Wüste ist Trockenheit	Band 5, Seite 34
Zwei Jünger gingen voll Not und Zweifel	Band 3, Seite 72

Register – Tänze, Lieder mit Bewegungen

Da ist ein Schaf. Seht es läuft weg	Band 3, Seite 92
Du schaust nach mir. Ich bin nicht allein	Band 4, Seite 50
Fröhlich will ich singen. Fröhlich soll es klingen	Band 1, Seite 59

Gott hat Abraham gerne. Das zeigen am Himmel	Band 4, Seite 80-81
Halleluja lasst uns singen, denn die Freudenzeit ist da	Band 3, Seite 55-57
Halte zu mir guter Gott	Band 1, Seite 16
Heut ist ein Tag, an dem ich singen kann	Band 1 Seite 44-45
Ich will euch erzählen von Abraham	Band 4, Seite 85-86
Irgendwo im weiten Raum	Band 7, S. 70
Immer und überall	Band 6, Seite 49
Jesus kommt nach Jerusalem in die große Stadt	Band 2, Seite 88-90
Kommt alle und freut euch	Band 1, Seite 60
Kriecht aus eurem Schneckenhaus	Band 5, Seite53
Lasst uns Jesu Helfer sein	Band 1, Seite 64
Meine Hände spielen und drehn sich	Band 1, Seite 90/ Band 6, Seite 74
Sagt es allen weiter, weiter, weiter	Band 2, Seite 91-92
Segne uns mit der Weite des Himmels	Band 4, Seite 83-84
Traurig ist dieser neue Morgen	Band 5, Seite32f.
Von guten Mächten wunderbar geborgen	Band 1, Seite 17
Wir fangen an, fröhlich zu sein	Band 1, Seite 24-25
Zwei Jünger gingen voll Not und Zweifel	Band 3, Seite 72-73

Methodenregister

Wie bereite ich mich auf die Bibelarbeit mit Kindern vor?	Band 1, Seite 92
Kinder zur Sammlung und Stille führen	Band 2, Seite 79
Den Bibeltext kindgerecht erzählen	Band 3, Seite 100
Den Bibeltext ins Bild bringen. Mit einfachen Mitteln eine Mitte zum Text gestalten	Band 4, Seite 87
Symbole sprechen eine eigene Sprache	Band 5, Seite 101
Mit Kindern Bibeltexte mit Legematerial erarbeiten	Band 7, S. 81
Damit Gott selbst ins Spiel kommen kann. Methoden szenischen Spiels	Band 8, S. 89ff.

Bibelstellenregister

Bibelstelle	Thema	Name/ Bibl. Figuren	Gottesbild	Anlass im Kirchenjahr	Band	Seite
Gen 1,1 – 2,3	Schöpfung			Osternacht	6	38ff.
Gen 2,18-24	Schöpfung				1	75ff.
Gen 6-9	bedrohte Schöpfung			1. Fastensonntag LJ B	6	51ff
Gen 9,8-15	Schöpfung/ Bund Regenbogen	Noach			1	46ff.

Bibelstelle	Thema	Name/ Bibl. Figuren	Gottesbild	Anlass im Kirchenjahr	Band	Seite
Gen 12-25	Erzeltern Erzählungen Vertrauen Bund, Weg	Abraham Sara, Hagar Ismael/Isaak Lot		Gen 15: Fest der Hl. Familie 2. Fastensonn- tag LJ C Gen 17: Fastenzeit Gen 18: 16. und 17. Sonn- tag im Jahreskreis LJ C Gen 22: Osternacht 2. Fastensonntag LJ B	4	1-92
Ex 15,20f	Rettung	Mirjam			8	44ff.
1 Kön 19	Begegnung mit Gott	Elija		19. Sonntag i.J. LJ A und B	8	17ff.
Psalm 23	Vertrauen in Gottes Nähe				6	59ff.
Psalm 104	Schöpfung			Fest Taufe des Herrn (als Ant- wortpsalm)	6	27ff.
Jes 11,1-10	Frieden Prophetie Messias Tiere		Gaben des Hl. Geistes	Advent	5	8ff
Jes 35,1-6a	Wüste, die blüht			Advent	5	22ff.
Jes 40,1-5.9-11			Hirt	Advent	1	9ff.
Jes 55,1-5	Gottes Wort Hunger und Durst			18. Sonntag i.J. LJ A Taufe d. Herrn LJ B Osternacht	8	37ff.
Jes 61,1- 2a.10-11				Advent	1	18ff.
Hosea 11,1-9	Gottes grenzen- lose Liebe		Gott als Mutter	Herz-Jesu-Fest LJ B	8	26ff.
Joel 3	Träume Visionen		Gottes Geist	Pfingsten	8	80ff.

Bibelstelle	Thema	Name/ Bibl. Figuren	Gottesbild	Anlass im Kirchenjahr	Band	Seite
Mt 2,1-12	Huldigung der Magier/Weisen	„Hl. Drei Könige"		Weihnachten, Sternsinger 6. Januar	1	27ff.
Mt 3,13-17	Taufe Jesu Taufe	Jesus, Johannes der Täufer		Sonntag nach dem 6. Januar	5	35ff.
Mt 5,1-12a	Seligpreisungen			Allerheiligen	3	93ff.
Mt 13,44-52	Gleichnis von der Perle			17. Sonntag im Jahreskreis LJ C	5	75ff.
Mt 14,22-33	Seewandel Mut, Angst	Jesus, Petrus		19. Sonntag im Jahreskreis LJ C	5	82ff.
Mt 22,1-14	Gleichnis vom Gastmahl		Gastgeber	28. Sonntag im Jahreskreis LJ C	5	93ff.
Mk 1,2-8	Prophet Anfang des Markusevangeliums	Johannes der Täufer		2. Adventssonntag LJ B	8	68ff.
Mk 1,14-20	Jüngerberufungen, Menschenfischer	Jünger		2. Sonntag im Jahreskreis LJ B	7	13ff.
Mk 2,1-12	Heilung des Gelähmten			7. Sonntag im Jahreskreis LJ B	7	23ff.
Mk 3,1-6	Der Sabbat ist für den Menschen da			9. Sonntag im Jahreskreis LJ A	6	68ff.
Mk 4,26-34	Gleichnisse			11. Sonntag im Jahreskreis LJ B	7	60ff.
Mk 6,1b-6a	Ablehnung Jesu	Jesus			1	66ff.
Mk 9,2-10	Verklärung	Jesus		2. Fastensonntag im Jahreskreis LJ B	7	31ff.
Mk 12,28b-34	Gottes- und Nächstenliebe, das wichtigste Gebot	Jesus			1	83ff.

Bibelstelle	Thema	Name/ Bibl. Figuren	Gottesbild	Anlass im Kirchenjahr	Band	Seite
Mk 14, 1-15,47	Passion Jesu			Palmsonntag B	2 7	ganzer Band 39ff.
Mk 16,1-8	Auferstehung	Jesus, Frauen am Grab		Osternacht LJB	7	49ff.
Lk 1,26-38	Mariä Verkündigung	Maria	Hl. Geist		3	8ff.
Lk 2,22-40	Jesus - Licht der Welt	Simeon, Hanna, Jesus		Darstellung des Herrn, 2. Februar	1	36ff.
Lk 15,3-7	Gleichnis vom verlorenen Schaf		Hirt		3	85ff.
Lk 24,1-12	Auferstehung	Die Frauen am Grab; Jesus		Ostern	3	46ff.
Lk 24,13-35	Begegnung mit dem Auferstandenen	Emmausjünger		Ostern	3	60ff.
Joh 2,1-11	Hochzeit zu Kana, Wunder	Jesus, Maria			3	21ff.
Joh 6,51-58	Brot des Lebens Eucharistie	Jesus		Fronleichnam	5	65ff.
Joh 13,1-15	Fußwaschung Jesus dient	Jesus		Gründonnerstag	3	37ff.
Joh 20,19-31	Zweifelnder Thomas	Jesus, Jünger	Hl. Geist	Ostern, Weißer Sonntag	3	74ff.
Apg 2,1-11	Pfingsten, Verstehen, Kommunikation		Hl. Geist	Pfingsten	5 8	55ff. 80ff.
Apg 2,42-47	Urgemeinde, „Traum" – Gemeinde			Weißer Sonntag	5	46ff.
2 Kor 5,20-62	Rechtfertigung aus Glauben Neuanfang			Aschermittwoch	3	31ff.
1 Joh 4,11-16	Gott ist Liebe		Liebe		1	55ff.
Offb 21 und 22	Vollendung der Schöpfung			6. und 7. Sonntag der Osterzeit LJ C, Kirchweih	6	77ff.

Zudem finden Sie in Band 2 der Reihe die biblischen Passionserzählungen und Anregungen zur Gestaltung eines Kreuzwegs, Palmsonntag mit Kindern.

Text-, Bild- und Liednachweis

S. 19: Paris, Musee du Louvre AO 115775

S. 21: Zeichnung „Kasperlefigur" Gudrun Zahner, Neuhausen a.d.F.

S. 24: Zeichnungen Gudrun Zahner, Neuhausen a.d.F.

S. 25: Mache dem Furchtsamen Mut, Text: Dieter Frettlöh, Musik: Detlev Jöcker, © Menschenkinder-Verlag, Münster

S. 27f: H. Schüngel-Straumann, Gott als Mutter in Hos 11, in: Tübinger Theologische Quartalschrift 166, 1986, 134.

S. 36: Du bist Vater und Mutter, Text: Rolf Krenzer, Musik: Ludger Edelkötter, © Impulse Musik Verlag, Drensteinfurt

S. 40: Zeichnung „Lebendiges Wasser" Gudrun Zahner, Neuhausen a.d.F.

S. 43: „Leben ist mehr als hetzen und jagen" von H.-R. Kunze

S. 48: Mit der Trommel in der Hand, Text: Beate Brielmaier, Musik: Markus Grohmann, © bei den Autoren

S. 54: Zeichnung „Prophetinnenkarte" Gudrun Zahner, Neuhausen a.d.F.

S. 54: Zeichnung „Trommel" Gudrun Zahner, Neuhausen a.d.F.

S. 55: Zeichnungen „Palmzweig, Schriftrolle" Gudrun Zahner, Neuhausen a.d.F.

S. 56: Zeichnung „Menorah" Gudrun Zahner, Neuhausen a.d.F.

S. 57: Still, still, höre, Text und Musik: Susanne Herzog.

S. 57: Zeichnungen „Mund, Ohr, Nase, Arme" Gudrun Zahner, Neuhausen a.d.F.

S. 61: Propheten sind wir alle, auch Du und ich, aus dem Musical Elisabeth von Thüringen, 1985, Text: H. Schulze-Berndt, Musik: Peter Janssens, © Peter Janssens Musikverlag, Telgte, Westfalen

S. 72: Sieger Köder, Johannes tauft Jesus , © Sieger Köder Ellwangen

S. 74ff: 13 Bilder zum Memory „Johannes der Täufer", Gudrun Zahner, Neuhausen a.d.F.

S. 78: Seht, neuer Morgen in unsrer Nacht, Text: Winfrid Offele (nach dem französischen Original von Michel Scouarnec), Melodie: Jo Akepsimas, Melodierechte: Edition Studio SM, Paris, ursprünglich F-dur

S. 78f: Lasst euch anstiften zur Freude, Text: Rolf Krenzer, Musik: Detlev Jöcker, aus Buch und MC „Weihnachten ist nicht mehr weit", Alle Rechte im Menschenkinder Verlag, 48157 Münster

S. 85: Zeichnung „Samen" Gudrun Zahner, Neuhausen a.d.F.

S. 87: Löscht den Geist nicht aus, Text und Melodie: Klaus Lohrbächer, Bad Wimpfen, © beim Autor

S. 95: Fotografie: Szene Abraham, © Bettina Eltrop, Stuttgart

S. 96: Fotografie: Biblische Figuren, © Anneliese Hecht, Stuttgart

MitarbeiterInnen

Herausgeberinnen und der Redaktionskreis

Beate Brielmaier, geb 1964, ist Dipl.-Theologin und Dipl.-Sozialpädagogin, zur Zeit Pastoralreferentin in Nürtingen und Mutter von drei Kindern. Sie ist Autorin der Sieger-Köder-Kinderbibel und anderer Publikationen im Bereich Kinderpastoral.

Dr. Bettina Eltrop, geb. 1961, ist wissenschaftliche Referentin im Katholischen Bibelwerk in Stuttgart. Ein Schwerpunkt ihrer langjährigen Arbeit dort ist die Bibelarbeit mit Frauen, mit Kindern und Familien. Langjährige ehrenamtliche Tätigkeit in der Gemeinde im Bereich Kinderkirche/ Familiengottesdienste, Erstkommunion- und Firmkatechese. Sie ist verheiratet und hat drei Kinder.

Gertrud Lorenz, geb 1925, verwitwet, drei Kinder, fünf Enkel, arbeitet nach langjähriger Praxis als Religionslehrerin nun als Autorin mit dem Schwerpunkt lebendige Gottesdienste und lebendige Theologie für Kinder.

Beatrix Moos, geb. 1930, ledig, ist Dipl.-Theologin und tätig in der Erwachsenenbildung.

Dr. Eleonore Reuter, geb.1961, ist Dipl.-Theologin und hat Staatsexamen für die Fächer kath. Religion, Chemie und Hebräisch. Sie vermittelt biblische Themen in der Erwachsenenbildung. Sie ist verheiratet und hat eine Tochter.

Willi Stroband, geb. 1958 ist katholischer Priester mit den Schwerpunkten Familienseelsorge, Kindergärten und Jugendarbeit.

Dipl. Theol. Herbert Wilfart, geb. 1948, verheiratet, 2 Kinder, ist Lektor beim Verlag Katholisches Bibelwerk

Autorinnen

Beate Brielmaier, s.o.

Lydia Bröß ist Gemeindereferentin in Oberhausen (Bistum Essen).

Bettina Eltrop, s.o.

Annette Gawaz, geb. 1964, Pastoralreferentin mit Schwerpunkt Firmkatechese und Jugendgottesdienste, verheiratet, 3 Kinder.

Susanne Herzog, geb. 1961, verheiratet, zwei Töchter, Pastoralreferentin, als Frauenbildungsreferentin tätig.

Dipl.-Theol. Bernd Hillebrand, geb. 1970, hat in Tübingen und Bologna Theologie studiert und ist momentan katholischer Jugendpfarrer in Ravensburg. Seit 1999 hat er in Kirchengemeinden und Grundschulen katechetisch gearbeitet. Als Jugendpfarrer ist er auf religiöse Kinder- und Jugendarbeit spezialisiert und bildet dazu Ehrenamtliche in Kursen aus.

Gertrud Lorenz, s.o.

Beatrix Moos, s.o.

Annegret Puttkammer, geb. 1963, verheiratet, evangelische Pfarrerin in Bad Soden – Neuenhain.

Eleonore Reuter, s.o.

Burkhard Schönwälder, geb. 1943 ist Diözesanreferent und Leiter der Bibelpastoralen Arbeitsstelle im Bistum Essen. Er ist verheiratet und hat drei Kinder.

Willi Stroband, s.o.

Weiterführende Literatur

Prophetie und Visionen: Welt und Umwelt der Bibel 34, 2004.

Katholisches Bibelwerk (Hg). Entdecken: Propheten, Lese- und Arbeitsbuch zur Bibel: Propheten, Stuttgart 2003.

Reinhard G. Kratz, Die Propheten Israels, München 2003.